Hybrid War

ハイブリッド戦争の時代

狙われる民主主義

名桜大学国際学群准教授
志田淳二郎

並木書房

はじめに

二〇二一年一月二〇日、寒空の下、米国の首都ワシントンDCで、第四五代米大統領ジョー・バイデンの就任式が行なわれた。その日のナショナル・モールには、新大統領誕生を祝福する何千何万という群衆の姿はなく、地面一面に何千と敷き詰められた小さな星条旗の数々が、肌寒い冬の風のなかでなびいていた。

静かにたなびく無数の星条旗は、まるで、二〇一九年一二月から世界中で猛威をふるう新型コロナウイルスの犠牲者への哀悼の意を表していたように思えてならない。新大統領の就任式が開催される頃、コロナによる米国人死者数が累計四〇万五六〇〇人を数え、第二次世界大戦による米軍死者数を超えた。

感染症により、米国は国家的危機を迎えているわけだが、米国の政治社会における分断も深刻である。バイデン新大統領就任式に、現職のドナルド・トランプ大統領は、出席を拒んだ。現職大統領が新大統領の就任式に参加しない事例は、南北戦争後の一八六九年から数えて、実に一五二年ぶりのことであった。

思えば、二〇二一年は、中国共産党結党から一〇〇周年、ソ連崩壊から三〇周年、米国の「テロとの戦い」開始から二〇周年という節目の年でもある。米国の戦略家エドワード・ルトワックが述べるように、中国は「平和的台頭」から「対外強硬路線」を経て、「選択攻撃」に戦略をシフトする「中国三・〇」の状況にある。

ロシアのウラジミール・プーチン政権は否定しているものの、ウクライナ、ベラルーシ、コーカサス地方、中央アジア一帯で、ロシアが「ソ連二・〇」を創設しようとしているのではないかという懸念もある。こうした状況下にあって、トランプ前政権は「テロとの戦い」ではなく、米国の安全保障政策上の最優先課題として、中国やロシアとの大国間競争を掲げたのだった。

二〇二一年に発足した米国新政権が、大国間競争路線を継承するかどうかは、後世の歴史家の手による評価を待つことにしよう。二〇二一年以降の世界を生きる我々は、米欧の安全保障専門家が指摘するように、大国間競争の時代にあっては、通常の武力行使未満の紛争形態が多発する恐れがあることに、注意をはらわなければならない。

その紛争形態とは、すなわち「ハイブリッド戦争（Hybrid War）」である。

二〇一三年秋から二〇一四年三月にかけて、ロシアは、ウクライナに政治的・経済的・軍事的圧力、サイバー攻撃など、あらゆる領域で圧力をかけていた。やがて所属を表す標章のない、緑色の迷彩服に身を包んだ完全武装の集団「リトル・グリーン・メン」がクリミア半島に出現し、半島とウクライナ本土を分断し、ロシアへのクリミア併合を、あっという間に完成させてしまった。ウクライナ危機以降、ハイブリッド戦争という言葉は、安全保障専門家の間で拡大し、現在では日本の『防衛白書』にも記載されるなど、実務レベルでの関心が高まっている。

ところが、邦語で読めるハイブリッド戦争に関する書籍は、ほとんどない。

米国に新政権が誕生したとしても、大国間競争という現代国際政治のトレンドが、今後、大きく変わるとは考えにくい。大国間競争下でのハイブリッド戦争のダメージをすぐさま受けるのは、政治・社会の分断が深刻な国家である。それは、まさに現在の米国ではあるまいか。また、ウクライナのように大国のはざまに立たされている国家も、ハイブリッド戦争のターゲットになりうる。それは、まさに日本である。

時代が大きく動くとき、何よりも重要になるのは知識である。二〇二一年という節目の年にあって、日本としては、大国間競争時代のハイブリッド戦争に関する知識を深める時期に、差しかかっているのではないだろうか。

本書は、そのような問題意識の下で執筆された。本書を手に取られた読者一人ひとりが、現代国際政治上の課題やハイブリッド戦争に関する知識を、少しでも深めることができたとしたならば、筆者としては、望外の喜びである。

目次

凡例
・人物名につく肩書は当時のもの。
・一部、個人情報に配慮し、人物名をイニシャル表記にした。
・中国語文献の簡体字については、日本語の常用漢字に改めたうえで記載した。

序章　ハイブリッド戦争時代の到来

第一節　問題の所在

増加する武力行使未満の行動

二〇一七年末から二〇一八年初旬にかけて、ドナルド・トランプ政権は関連する一連の戦略文書を発表し、[1]米国は「修正主義国家」（ロシア、中国）、「ならず者政権」（北朝鮮、イラン）との大国間競争に突入したと宣言した。トランプ政権以前の米国は、ロシアや中国がいつかは自分たちと同じ価値観や規範を共有し、パートナーとなるという前提で接してきた。

しかし、実際は違った。

ロシアや中国の「力による現状変更」が顕著に見られた二〇一四年、米国の抱いていた前提は崩れはじめた。ロシアはウクライナのクリミア半島を併合し、中国は南シナ海に人工島を構築し、軍事拠点化を進めた。東シナ海でも中国の海洋進出はとどまるところをしらない。北朝鮮やイランも、核・ミサイル開発に走り、核不拡散という国際規範からの逸脱行為をみせている。

なぜ、彼らはこのような行動をとるのだろうか？

それは、自国の国益を追求しているからである。彼らにしてみれば、米国は、自国の国益を追求するうえでの大きな障害である。ロシアは、米国主導の同盟システムであるＮＡＴＯ（北大西洋条約機構）の東方拡大が続き、これに対抗するため、戦略上の重要拠点であるウクライナのクリミア半島併合に踏み切った。

「偉大なる中華民族の復興」を掲げる中国にとってみれば、西太平洋における米海軍の強大なプレゼンスは厄介な存在であり、米海軍に対抗するため、中国の「内海」を確保するため、南シナ海の軍事拠点化を進めている。そして、いまでは、台湾併合を虎視眈々と狙っている。

イランや北朝鮮にしてみれば、二〇〇三年のイラク戦争とサダム・フセイン政権の崩壊は、米国による「力による現状変更」以外の何物でもなく、「イラクは核を保有していなかったことから、米国による体制転換を許してしまった」との教訓から、米軍の介入を阻止するための核・ミサイル開発に取り組んでいる。(2)

こうした独自の安全保障観を有するロシア、中国、北朝鮮、イランは、自国の国益を追求するため、平時と有事の境界のあいまいな状態での、武力行使未満の行動をとっており、こうした行動は近年、増加している。

二〇一八年一月にトランプ政権が公表した『国家防衛戦略』には、次のような一節がある。

これらの修正主義国家とならず者政権は、パワーのすべての領域にまたがって競争している。これらの国々は、新たな前線に威圧を拡大し、主権に関する諸原則を侵害し、あいまいさを生み出すことで、武力紛争未満の取り組みを増加させており、意図的に、民間と軍事的目標の間の境界をあいまいにしている。(3)（傍点強調は筆者）

新たな戦争形態としてのハイブリッド戦争

第1章で詳しく説明するが、米欧の安全保障専門家は「意図的に民間と軍事的目標の境界をあいまいにする武力紛争未満の取り組み」を、ハイブリッド戦争（Hybrid War）と呼んでいる。

ハイブリッド戦争という言葉は、二〇一四年のロシアのクリミア併合以降、急速に用いられるようになった。フィンランド国防大学教授でフィンランド国防相顧問のジリル・ライタサロがいうように、米国では、中国やロシアなどが仕掛けるハイブリッド戦争の渦中にあるという認識がある。(4)

米国第一主義を掲げ、米国の国益にそぐわない行動をとる国家に対し、歯に衣着せぬ言葉で非難したトランプ前政権に比べれば、周回遅れの感が否めないが、ヨーロッパの同盟国も、伝統的に彼らが脅威を感じているロシアだけでなく、中国に対しても、ハイブリッド戦争の遂行者として警戒感を強めはじめている。

米欧の安全保障専門家が、NATOに対し提言を行なった報告書『NATO2030――新時代に向けた結束』（二〇二〇年一一月二五日）では、「近年の安全保障環境の主な特徴は、地政学上の競争の復活」とし、そうした競争下では、ハイブリッドな攻撃が一層増加すると分析している。(5)

大国間競争の時代にあって、ハイブリッド戦争が、新たな戦争形態になるという認識は、すでに日本でも議論されている。たとえば『防衛白書』（令和二年版）の第一章「概観」では、日本を取り巻く現在の安全保障環境の特徴として、政治・経済・軍事にわたる国家間競争が顕在化しているとの現状認識が示されたあと、国家間競争においては、ハイブリッド戦争が採用されることがあるとの指摘がある。(6)

このように、各国政府や国際機関、米欧の安全保障専門家が、ハイブリッド戦争を実際上の課題と認識しはじめているわけだが、日本における状況といえば、米欧に比べて、ハイブリッド戦争の研究はほとんど進んでいない。むしろ、ハイブリッド戦争というキャッチフレーズが独り歩きし、国民のみならず研究者や専門家の間でも、概念の混乱をきたしている感は否めない。

これは大きな問題である。

ハイブリッド戦争に脆弱な民主主義体制

すでに述べたように、ハイブリッド戦争は、大国間競争時代における「力による現状変更」がなされる際に積極的に採用される可能性が高い。また、ハイブリッド戦争に脆弱なのは、ヒト・モノ・カネ・情報の流れを国家により一元的に管理することが可能な権威主義体制よりも、「開かれた社会」である民主主義体制である。

いうなれば、ハイブリッド戦争のターゲットは、民主主義そのものなのである。

日本は、米国と唯一の同盟関係にありながら、西に中国、北にロシアという大国にはさまれた地政学上の要衝にある。そして、日本周辺には、中国発のハイブリッド戦争の舞台となる可能性が最も高い台湾がある。大国間競争が熾烈となれば、その影響は、すぐさま日本の主権や安全保障に及ぶ。日本は、すでに米欧の民主主義諸国が直面しているハイブリッド戦争という難題に、傍観者を決め込むことはできないし、そうすべきでもない。

本書は、こうした思いから、ハイブリッド戦争をテーマに執筆した。本書は、学術書の体裁をとっているが、研究者だけでなく、外交・防衛当局者、ジャーナリスト、学生といった幅広い読者層を対象としているため、執筆にあたっては、なるべく平易な文章で書くことを心がけた。また、大国間競争とハイブリッド戦争について語るうえで必要な分析概念についても、極力、用いることを最小限にすることにした。

冒頭で述べたように、日本におけるハイブリッド戦争理解をめぐる誤解や混乱は、米欧における先行研究の調査を怠っていることに原因があるように思われることから、次節では、ハイブリッド戦争に関する先行研究をまとめておきたい。

第二節　ハイブリッド戦争に関する先行研究

それは米海兵隊の研究からはじまった

日本では、たとえば「二〇一〇年代からハイブリッド戦争という概念が登場した」や、「ハイブリッド戦争概念はロシアで発明され、歴史的にみても、ロシアはハイブリッド戦争を行なってきた」などと解説する研究者・専門家も少なくない。ところが、米欧で蓄積が進む先行研究をつぶさに調査してみると、これらの解説は正確ではない。

ハイブリッド戦争の研究は二〇〇〇年代初頭、それも米海兵隊の研究からはじまった。二〇一四年のウクライナ危機を経て、ハイブリッド戦争の関心は、その遂行主体として、テロリストなどの非国家主体からロシアや中国といった国家主体へと移ることになった。無論、膨大な先行研究のすべてを、ここで整理することは到底できないが、以下、二〇一四年の前と後に分けたうえで、必要最低限の先行研究を紹介していきたい。

米国のシンクタンクCSBA（戦略予算評価センター）の報告書によれば、二〇一九年時点で、「ハイブリッド戦争」あるいは「ハイブリッド脅威」にふれた論考は、約九九九〇件――そのうち二〇一四年以降のものは六九七〇件――に及ぶ。

ハイブリッド戦争を分析概念として最初に用いた論考は、一九六〇年代の旧英国植民地だったマレー半島における英軍の対反乱作戦（COIN：Counterinsurgency）に関する研究書籍（一九九五年）だった。(7)

二〇〇〇年代に入ると、米国、それも、米海兵隊内部で、ハイブリッド戦争に言及した研究が進む。二〇〇二年、米海兵隊のウィリアム・ネーメトは、カリフォルニア州モントレー所在の米海軍大学院（Naval Postgraduate School）に提出した修士学位請求論文のなかで、冷戦後のロシアで発生した二度のチェチェン紛争を事例に取り上げ、これからの紛争形態が「ハイブリッド」なものになることを展望した。(8)

ネーメトは、必ずしも、ハイブリッド戦争の具体的な定義を示していないが、どうやら彼は、ハイブリッド戦争を「ハイブリッドな社会」が引き起こす紛争形態とおおざっぱに捉えていたようである。(9)

たしかに、チェチェンは、さまざまな歴史や民族的背景を持つ「ハイブリッドな社会」だった。コーカサス山脈北部の要衝チェチェンは、ソ連解体後のロシア連邦内の民族共和国（民族を基盤とした共和国）だが、歴史的に、ロシアにとって最も扱いにくい地であり続けた。

さかのぼること一八世紀。ロシア帝国が北コーカサス地域に進出したことから、ロシアとチェチェンの対立がはじまった。ソ連体制下でも、チェチェンの独立志向は強かった。ロシアにありながらも、イスラム教を信奉する山岳民族であるチェチェン人は、二度のチェチェン紛争に際しては、「ジハード」（聖戦）の名の下に、各国から参戦したイスラム義勇兵とともにロシア軍と戦った。[10]

二〇〇五年には、当時の米海兵隊退役中佐のフランク・ホフマンと米海兵隊准将のジェームズ・マティスが、将来戦（future war）構想のなかでハイブリッド戦争を提示しはじめ、[11] 二〇〇七年にホフマンは、ネーメトの先行研究（二〇〇二年）や超限戦（第4章参照）などの理論を参照しながら、米海兵隊内部で進めていた研究成果として『二一世紀の紛争──ハイブリッド戦争の台頭』を発表した。[12]

研究の中身については、第1章で詳しく紹介するが、ホフマンの研究（二〇〇七年）は、ウクライナ危機以降、米欧で急速に進むことになるハイブリッド戦争研究において、参照しない研究者はいないほどにまで、最重要文献となった。

ウクライナ危機以前、ハイブリッド戦争に関しては、「テロとの戦い」という脅威に対抗する米国で研究が進んだ。たとえば、ジョージワシントン大学国土安全保障政策研究所のフランク・シラッフォとジョセフ・クラークは、政治学の理論枠組み「プリンシパル・エージェント」理論をベースに、イランが「プリンシパル」となって、代理人（エージェント）であるヒズボッラーやハッカー集団を動員し、戦略的に米国にハイブリッド脅威を及ぼしている様子を分析した。(13)

シラッフォは、ジョージワシントン大学に勤務する以前には、9・11同時多発テロ直後、ジョージ・ブッシュ大統領の特別補佐官（国土安全保障担当）を歴任していた人物である。

もちろん、米軍とともにNATO軍も「テロとの戦い」に参加していたことから、ヨーロッパにおける米国の同盟システムNATOのハイブリッド脅威への対抗策を議論した論考もないわけではない。

たとえば、米欧の元外交官や軍人による論文「ハイブリッド脅威に対抗するNATO」（二〇一一年）では、グローバル化や技術革新によって、テロリズム、移民、海賊、汚職、民族紛争などの新しい安全保障上の脅威に対し、NATOが取り組む必要性が述べられているが、論文のなかで、ハイブリッド脅威についての定義は詳細に検討されておらず、前述の脅威群をまとめて、ハイブリッド脅威とおおざっぱに紹介している。(14)

古代から現代にいたるまでの多種多様な敵対勢力との戦いを、これもまたおおざっぱにハイブリッド戦争と規定し、ローマ帝国とゲルマン人の戦いから米国独立戦争、ひいてはベトナム戦争までの諸事例を分析したウィリアムソン・マーレーとピーター・R・マンスールが編集した研究書籍が、二〇一二年に出版されている。(15)

ウクライナ危機以後のハイブリッド戦争研究

ウクライナ危機以降、ハイブリッド戦争研究は米欧で急速に進展することになった。それ以前とは異なり、米国の研究者のみならず、ロシアに近接する中東欧（Central and Eastern Europe）諸国の研究者による理論化が進んだことは興味深い。二〇一四年以降の研究の大きな特徴は、次の四点である。

第一に、ウクライナ危機という単一事例分析をベースに、ハイブリッド戦争の実態を明らかにしようとする理論研究である。[16]

第二に、ウクライナ危機におけるロシアのハイブリッドな作戦の諸要素に焦点を当てた研究である。第2章で詳述するように、ロシアは、ウクライナに対して、経済（エネルギー）[17]、情報（サイバー）[18]などの領域で圧力をかけながら、謎の武装集団「リトル・グリーン・メン」といった非国家主体を動員する作戦を行なった。[19]

第三に、国際法学、国際政治学、安全保障の理論と照らし合わせて、ハイブリッド戦争の本質を把握しようとする研究である。ウクライナ危機におけるハイブリッド戦争で、ロシアは、国際法上の武力行使に該当しないが、かといって、友好的でもない行動をウクライナに仕掛けた。こうした国際法上のグレーゾーンについての研究は、一定程度、蓄積がある。[20]

ペンシルバニア大学のミッチェル・オレンスタインは、ロシアが、国際政治学における現実主義

（リアリズム）、すなわちバランス・オブ・パワーの発想に基づき、ＮＡＴＯ東方拡大を進める西側に対してハイブリッド戦争を仕掛けていると分析した。[21]

パラツキー大学（チェコ）のオンドレイ・フィリペッツは、ロシアがリアリズムの発想の下で、ウクライナに対し、経済や法律面での圧力を加えながら非国家主体を動員し、さらには、ウクライナ国民のアイデンティティに訴えた作戦を展開した様子を振り返り、ハイブリッド戦争は、国際政治学におけるリアリズムのみならず、非国家主体や経済などのイシューに注目する理想主義（リベラリズム）、さらにはアイデンティティ要因を重視する構成主義（コンストラクティビズム）の側面を有していると述べた。[22]

安全保障理論との関連でいえば、ウォータールー大学（カナダ）のアレクサンダー・ラノスカは、ロシア発のハイブリッド戦争が、ＮＡＴＯの東部正面周辺で頻発すると、米国がＮＡＴＯ同盟国に与えている拡大抑止の信頼性が動揺する可能性を指摘している。[23]

第四に、ウクライナ危機でロシアが披露したハイブリッドな作戦が生み出された背景を、ロシアの国家戦略・軍事戦略の観点から掘り起こした研究である。これらの研究は、米欧のみならず、日本における旧ソ連圏地域研究者やロシアの軍事専門家の手によってなされている。[24]

旧ソ連圏やロシア専門家でないと、なかなかアクセスの難しい資料をもとにしたこれらの研究は、日本におけるハイブリッド戦争理解に一役かっている。

二〇二一年二月には、旧ソ連圏地域研究者・廣瀬陽子が『ハイブリッド戦争—ロシアの新しい国家戦略』（講談社現代新書）を出版した。廣瀬の著作は「ハイブリッド戦争」という用語を冠した書籍としては、日本ではじめての著作であるが、問題点が少なくない。この点は、定義の問題とも深くかかわることから、第1章で触れる。

以上の先行研究の流れからわかることは、以下のとおりである。

①ハイブリッド戦争研究それ自体は、二〇〇〇年代から本格的にはじまった。

②ハイブリッド戦争研究がはじまった背景には、「テロとの戦い」に勝利するという米海兵隊内の強烈な問題意識があった。

③二〇一四年のウクライナ危機以降、ハイブリッド戦争の遂行主体の焦点が、武装ゲリラやテロなどの非国家主体から、軍事大国ロシアといった国家主体に移った。トランプ政権発足以降は、米欧では、ロシアと並んで、中国をハイブリッド戦争の遂行主体に据える論考が主流となった。

第三節　本書の課題――「レジリエンス抑止」能力の向上

頻発するハイブリッド戦争

ハイブリッド戦争は、ロシアの専売特許ではない。他国も遂行主体となりうる、一般化が可能な概念だと筆者は考えている。そうだとしたら、ハイブリッド戦争を、ロシア研究の枠組みを超えて、広く、国際政治学の観点から捉え直し、日本への影響を考えなくてはならない。

本書は「日本の、日本人研究者による、日本の安全保障政策のための研究」という視点を持ちつつ、三つの課題に取り組みたいと思う。

第一に、先行研究における議論をもとに、ハイブリッド戦争の理論と定義を詳細に検討する。繰り返しになるが、日本でも、ハイブリッド戦争という用語は、広まりつつあるが、その定義をめぐっては、実にあいまいなまま使用されており、その主たる原因は、米欧で蓄積が進んでいるハイブリッド戦争に関する先行研究がほとんどレビューされていない点にある。まずは、ハイブリッド戦争の理論を検討し、日本の安全保障政策に資するよう、ハイブリッド戦争の定義について、提示したい（第1章）。

第二に、二〇一四年のクリミア併合やウクライナ東部紛争におけるハイブリッド戦争の実態を確認したあとに（第2章）、二〇一四年以降のハイブリッド戦争についての諸事例を紹介する。具体的には、ウクライナやバルカン半島へのNATO東方拡大を阻止したいロシアが、NATO新規加盟国であるモンテネグロと北マケドニア、ウクライナ西部に仕掛けたハイブリッド戦争（第3章）、そして「偉大なる中華民族の復興」のために決定的に重要な台湾や、一帯一路の枠内でヨーロッパ、とりわけ中東欧にハイブリッド脅威を及ぼしている中国の諸事例を紹介する（第4章）。これらの諸事例をつぶさにみていくことで、現代国際政治が大国間競争の時代に突入し、ハイブリッド戦争が頻発していることがわかるだろう。

第三に、ハイブリッド戦争に対抗するためには、どのような外交・安全保障上の方策が必要かを検討する。本書をとおして強調することになるが、ハイブリッド戦争の脅威に常に直面しているNATOが、ハイブリッド戦争研究の最先端を走っている。

NATOでは、暫定的ではあるが、ハイブリッド戦争への対抗策を、あらゆるレベルで進めており、これらの取り組みを紹介することで、日本の針路を考える好個の素材としたい（第5章）。

安全保障理論には、自国に対する他国からの武力行使を未然に防ぐ方策として、抑止があるが、ハイブリッド戦争に対する抑止理論として、「レジリエンス抑止」（deterrence by resilience）という概念がある。レジリエンスという言葉は、安全保障論のみならず、心理学、経営学、防災学などでも使われているものであり、「弾力」、「復元力」、「回復力」、「強靭性」を意味する。

要するに、レジリエンスとは、一般的に「物理的な外の力が加えられ、困難に直面しても、しなやかに回復し、乗り越える力」を意味する。ハイブリッド戦争との関連でいえば、「レジリエンス抑止」においては、サイバーネットワークなどの重要インフラ強化、エネルギー供給源の多様化（たとえば他国へのエネルギー依存度の低下）、偽情報の拡散に迅速かつ効果的に対処する戦略的コミュニケーション機能の拡充などが想定されている。(25)

筆者は「レジリエンス抑止」は、攻撃側にハイブリッド戦争を仕掛けても得られる利益・効果は少ないと認識させ、攻撃の誘因を低下させるという点において、伝統的な「拒否的抑止」（deterrence by denial）にカテゴライズできると考えている。

抑止機能を担保する実態を、軍事力だけでなく社会全体のレジリエンスとした点において、「レジリエンス抑止」は画期的な概念である。

筆者としては、本書を手にとった読者一人ひとりが、ハイブリッド戦争についての理解を深めていただくことこそが、日本の「レジリエンス抑止」能力を向上させることに、直接的につながると確信している。

ハイブリッド戦争時代を生き抜くために

序章を結ぶにあたり、付言しておきたいことがある。かつて、ハーバード大学の国際政治学者サミュエル・ハンチントンは、冷戦後の国際政治の現実を「文明の衝突」と捉える理論を発表した。

ハンチントンは、儒教（中華）、日本、ヒンドゥー、イスラム、西欧、ロシア正教会、ラテンアメリカ、アフリカという価値観の異なる八つの文明が存在し、冷戦期のイデオロギー対立にかわって、文明と文明が接触する断層線（フォルト・ライン）が紛争多発地帯になると主張した。

「文明の衝突」というハンチントン理論は、衝撃をもって受容されることになるが、日本では、ハンチントン理論は、どちらかというと批判的に紹介された。ハンチントン理論への批判として、代表的なものに次のようなものがあった。「中華文明と日本文明をなぜ区別するのか。そもそも日本は『文明』なのか」、「文明と文化の概念が整理しきれていない」、「反イスラム感情を助長させる議論である」、「今後の世界を『儒教・イスラム連合と西欧』とする対立構図は荒唐無稽だ」

こうした批判は『文明の衝突』を著したハンチントンの意図するところではなかった。このような批判のみを展開した論者たちは『文明の衝突』を「半分」しか読んでいないと言わざるをえない。

ハンチントンは、あくまでも、冷戦期のイデオロギー対立が、冷戦後には「文明の衝突」にとってかわることを想定しただけである。「儒教・イスラム連合と西欧」という対立構図は、あくまでも彼の思考実験のうちの一つのシナリオにすぎない。

ハンチントンは「文明の衝突」を擁護し、それを推進しようとしたわけではなく、「文明の衝突」に起因する戦争を阻止するための解決策を、同書後半ではっきりと提示している。ハンチントンは、来るべき時代の文明間の戦争を避けるためのルールとして、次の三つを挙げている。
第一に、中核国が他の文明内の衝突への干渉を慎む「不干渉ルール」。第二に、中核国同士が互いに交渉して自分たちの文明に属する国家や集団がかかわるフォルト・ライン戦争を阻止または停止させる「共同調停ルール」。第三に、普遍主義を放棄して文明の多様性を受け入れ、そのうえで、あらゆる文化に見いだされる人間の共通性を追求していく「共通性のルール」である。[26]
それ自体を批判することが、本書の目的ではないため控えるが、（最若手研究者である）筆者よりも（かなり）上の世代の研究者のなかで、「文明の衝突」を回避するためのハンチントンの解決策までを正確に紹介した者は、はたしていただろうか。
ハンチントンは別の書物『引き裂かれる世界』で、前著『文明の衝突』に対する誤解に対し、こう主張している。「冗談じゃない！最後までタイトルを読んでくれ。これは世界秩序の再生なんだから」[27]。たしかに、彼の『文明の衝突』の全タイトルは、The Clash of Civilizations and the Remaking of World Order（文明の衝突と世界秩序の再生）とある。（傍点強調は筆者）
筆者としては、このような本書の読まれ方は、ぜひとも避けたい。本書は「現代国際政治の特徴である大国間競争は、ハイブリッド戦争という概念を用いれば、本質がクリアーに説明できる」、「わたしたちは、ハイブリッド戦争の時代を生きている」と主張するものではあるが、決して、ハイブリッド戦争を擁護し、推進しようと、もくろむものではない。本書は、あくまでも、読者に対して、ハイブリッド戦争の理論と諸事例を紹介し、日本の安全保障上の課題を考える手がかりを提供することを目的としている。

ここまで、だいぶ、ハイブリッド戦争という言葉を挙げてきた。いったい、ハイブリッド戦争とは何なのか？

次章で、ハイブリッド戦争の理論について、考えてみたい。

第1章　ハイブリッド戦争の理論

第一節　否定派・肯定派論争

ハイブリッド戦争という定義の問題

ロシアや中国のような軍事大国が仕掛けるハイブリッド戦争への対応もさることながら、ハイブリッド戦争に関する最大の課題は、定義の問題である。

二〇一四年のウクライナ危機以降、米欧の安全保障専門家の間では、ハイブリッド戦争という言葉が急速に広がってはいるものの、統一された定義があるわけではない。本章でも紹介するが、各国ごとに、ハイブリッド戦争の捉え方は、さまざまである。

二〇一七年三月三一日、国連安保理における非公式集会で、ノルウェー国際問題研究所（NUP

I）の研究員が、各国代表に対し、ハイブリッド戦争の脅威についてブリーフィングを行なっているが、[28] このことは、国連安保理において、ハイブリッド戦争についての共通理解がないことの証である。

それも無理のないことである。本章および第4章でみるように、国連安保理の常任理事国、米国、ロシア、中国の間では、ハイブリッド戦争という用語が想定する世界観が一八〇度異なる。

また、戦争というものは、そもそもハイブリッドなものなのだから、ハイブリッド戦争という概念を用いることに、意味はないという主張も、常に存在する。本章は、ハイブリッド戦争の理論を整理することを目的としているが、まずは、この主張について考えてみたい。

否定派——ハイブリッド戦争は意味のない概念だ

ハイブリッド戦争という言葉が、急速に使用されるようになると、「ハイブリッド戦争という言葉を用いることにどれほどの意味があるか」という根本的な問題を提示する論者も少なくない。これについて、戦争それ自体の本質を考察するクラウセヴィッツ学派が、ハイブリッド戦争を否定する理論的根拠を提供している。

「戦争とは他の手段をもってする政治の延長」とする有名なテーゼを示した一九世紀のプロイセンの軍人カール・フォン・クラウセヴィッツは、戦争が、奇妙な「三位一体」を帯びており、それぞれが、絶対ではないが、国民・軍隊・政府という三つの社会集団に対応していると説いた。

この三位一体とは、一つに、盲目的自然衝動と見なし得る憎悪・敵愾心といった本来的激烈性、二つに戦争を自由な精神活動たらしめる蓋然性・偶然性といった賭の要素、三つに戦争を完全な悟性の所産たらしめる政治的道具としての第二次的性質、以上三側面が一体化したことを言うのである。(29)(傍点強調は原文ママ)

非常に難解な文章だが、要するに、盲目的自然衝動とクラウセヴィッツがいうところの理性なき感情は、国民と関連づけられる。国民の憎悪は国家を戦闘に向かわせる。兵士たちは絶えず不確実性に直面するから、蓋然性と偶然は軍隊の領域である。理性は一般に政府の特徴であり、政府は戦争の目的と遂行の手段を決定する。(30)

クラウセヴィッツのテーゼに従えば、「政治と戦争」は、「全体と部分」、「目的と手段」の関係性を有している。一九世紀に生きたクラウセヴィッツは、基本的には、国家間の戦争をイメージしていただろうが、国家のみならず非国家主体の間にも、「政治と戦争」の関係性は生じうる。(31)クラウセヴィッツのテーゼによれば、「対立する国家人民がかかわる政治・社会・軍事的現象」と、戦争それ自体にハイブリッドな意味を付していることから、ハイブリッド戦争という用語は、同語反復(トートロジー）となり、成立しえない。

ロナルド・レーガン政権の戦略アドバイザーを務めた戦略論者コリン・グレイは「戦争の文法（グラマー）」（戦争の方法）と「戦争の論理（ロジック）」（戦争の本質）というクラウセヴィッツの区別を参照し、戦争は時代ごとに「文法」が存在するため変化するものであるが、「政治的活動」という本質において、「論理」は不変と主張する。

クラウセヴィッツ学派のグレイによれば、階層性を有する公的な軍隊同士で戦われるモダンな国家間戦争から、分権的な武装勢力（その多くは私的主体）も関与するポストモダンな戦い方に変化しようが、戦争という事実に変わりはない。[32]

ハイブリッド戦争を肯定的に捉えようとする学術的関心が急速に高まった二〇一四年以降も、グレイは、ハイブリッド戦争という言葉を用いることは無意味な営為だと否定的である。[33]

グレイは、著書『戦略の未来』のなかで、「戦争の論理」という用語を直接用いていないが、「戦略の論理」には「望ましい政治的目的を達成しようとするものであり、それに適合した戦略的な方策の選択を通じて、その時点で利用可能な、主に軍事的な手段を活用するという意味」があるとしている。グレイが挙げている「政治的目的を達成するための軍事的手段の活用」には、クラウセヴィッツの「戦争の論理」の議論が反映されている。[34]

元イラク駐留米軍司令官参謀のピーター・マンスールも、「ハイブリッド戦争は、米国と同盟国にとって重大な挑戦となる」としつつも、多様な主体を巻き込む戦争は古代のペロポネソス戦争まで遡ることができ、それは戦争の方法を変えるものではあっても戦争の本質を変化させるものではないと主張する。(35)

肯定派——ハイブリッド戦争は意味のある概念だ

ハイブリッド戦争否定派が、戦争とは「他の手段をもってする政治の延長」であり、「政治的活動」であるという「戦争の論理」を重視しているとすれば、肯定派は、時代が下るにつれて非正規戦が増加した「戦争の文法」の変化に注目する。

バベシュ・ボーヤイ大学（ルーマニア）のラウラ＝マリア・ヘルタは、「複合戦争」(compound warfare)、「第四世代戦争」、「新しい戦争」の発展形として「ハイブリッド戦争」を捉える。

複合戦争とは、統一的な指揮下で正規・非正規兵が同時に戦う戦争であり、一八世紀末の米国独立戦争、一九世紀初頭のナポレオンのスペイン戦役が複合戦争の代表例である。米国独立戦争では、大陸軍と民兵（ミニットマン）は英国の正規軍と、スペイン戦役では、英国の正規軍とスペインのゲリラはフランス正規軍と戦った。

複合戦争は、一見、ハイブリッド戦争に似ているが、異なる概念である。カールトン大学（カナダ）のエリノア・スローンによれば、複合戦争は、正規・非正規的な兵力を多く持ちつつも、それぞれが統一的な指揮下で戦うものだが、伝統的にはこれらの兵力は、別々の戦域に投入され、編成的にも明確に分けられていた。だが、ハイブリッド戦争では、兵力は同じ部隊や戦場のなかで使用され、その区分があいまいになっている。(36)

第四世代戦争によれば、戦争はナポレオン戦争以降、弁証法的に変化してきた。横隊・縦隊編成の兵力（歩兵）集中（「第一世代」）、兵力集中から火力集中（「第二世代」）、機動力重視（「第三世代」）を経て、戦争は、明確な前線や戦場をもたない「非線形」なものとなり、クラウセヴィッツが想定していない、国民国家の枠組みを超えた非国家主体が関与し、軍人と民間人の区別があいまいとなった「第四世代」へ変化した。(37)

メアリー・カルドーは、ユーゴスラビア内戦のようなクラウセヴィッツが想定した国家間（inter-state）ではなく、国家内（intra-state）紛争、すなわち内戦が冷戦後に増加したことに注目し、特定の民族、部族、宗教、言語的なアイデンティティをベースにした権力闘争としての「新しい戦争」を提示した。

第四世代戦争と同様に、カルドーも、これからの戦争では「国家／非国家、公的／私的、対外／対内、経済／政治、さらには有事／平時の区別が意味をなさなくなる」と指摘している。(38)

第2章で詳しく述べるが、二〇一四年のクリミア併合の際、ロシアは親露派住民、コサック、マフィア、謎の武装集団「リトル・グリーン・メン」などの非国家主体を動員し、サイバー攻撃も組み合わせた作戦を行なった。クリミア併合型のハイブリッド戦争を、複合戦争、第四世代戦争、「新しい戦争」に連なる非正規戦の発展形であり、現代国際政治の特徴となっている、とバベシュ・ボーヤイ大学（ルーマニア）のヘルタは評価する。[39]

ハイブリッド戦争概念を肯定する

あえて図式的に捉えるならば、「戦争の論理」の不変性を重視すれば、ハイブリッド戦争は否定され、変化する「戦争の文法」に注目すれば、ハイブリッド戦争は肯定される。

肯定派について、統一的な指揮下の正規・非正規兵の戦闘行為という外形にのみ注目した複合戦争はさておき、ヘーゲル哲学流の弁証法や、アイデンティティ要因に着目する構成主義（コンストラクティビズム）の方法論に立った第四世代戦争や「新しい戦争」は、現代国際政治のトレンドを把握しようとする問題意識が内包されている点において優れているが、課題もある。

肯定派は、否定派の根本的な問いかけ、すなわち「程度の違いこそあれ歴史上、ほとんどすべての戦争はハイブリッドなものだった」という問いかけに、明確な回答をしていない。

否定派にも課題がある。その最たるものは、戦争を「政治の手段」として捉えている点である。現代国際政治は、政治的目標を達成するために諸国家が「無差別的に」戦争をしている場ではない。

一九二八年の不戦条約では、「国際紛争解決のための戦争」、「国家の政策の手段としての戦争」の放棄が宣言され（第一条）、紛争の平和的解決が掲げられた（第二条）。一九四五年の国連憲章でも紛争の平和的解決が再確認され（二条三項）、「すべての加盟国は、その国際関係において、武力による威嚇又は武力の行使をいかなる国の領土保全又は政治的独立に対するものも、また、国際連合の目的と両立しない他のいかなる方法によるものも慎まなければならない」とする武力不行使原則も盛り込まれた（二条四項）。

また、集団安全保障（四二条）と自衛権（五一条）が、「武力行使の例外」として規定され、戦争は「国際社会の規範逸脱者によって始められる戦争」と「国際社会全体の対応策としての戦争」とに区別されるようになった。不戦条約、国連憲章により、「無差別戦争観」は終焉したのである。(40)

このようなことから、「戦争とは、他の手段をもってする政治の延長」というクラウセヴィッツ的理解と国連憲章体制下の戦争理解の間の連続性を見いだすことは困難である。

第5章で詳しく述べるが、ヨーロッパにおける米国主導の同盟システムであるNATO（北大西洋条約機構）は、国連憲章規範の枠内で、ハイブリッド戦争への対抗策を論じている。なによりも、ハイブリッド戦争という概念をベースに、NATOは政策を遂行しているのである。こうした現実を考えると、ハイブリッド戦争そのものを否定したり、看過することは難しい。

本章では、ハイブリッド戦争・肯定派の立場から、ハイブリッド戦争についての考察を進めていく。肯定派に立つとはいえ、本章も「歴史上、ハイブリッドだった戦争と比較して、クリミア併合以降のハイブリッド戦争の何が新しいのか」という根本的問いから逃れることはできない。
この点について、ハイブリッド戦争概念の発展の歴史を振り返りながら、考えてみたい。

第二節　概念の誕生と発展

米国発の概念

序章での先行研究の紹介でみたように、ハイブリッド戦争に関する研究は、二〇〇〇年代から、米海兵隊員によってはじまったものである。ネーメトの研究（二〇〇二年）は、ハイブリッド戦争という言葉は用いているものの「ハイブリッドな社会」が引き起こす紛争形態とおおざっぱに定義している。ハイブリッド戦争についての具体的な定義が示されたのは、ホフマンの研究（二〇〇七年）においてであった。

ホフマンは、ネーメトの研究（二〇〇二年）を参照しつつ、本章第一節で、すでに説明した複合戦争、第四世代戦争、超限戦（第4章参照）の議論を順に振り返りながら、ハイブリッド戦争を次のように定義した。

ハイブリッド戦争とは、国家・非国家主体双方がかかわるものであり、その範囲は、「通常能力、非正規戦術形態、無差別暴力や強制を含むテロリスト、犯罪、秩序攪乱行為などさまざまな形態に及ぶ」。

ホフマンは、こうした特徴を持つハイブリッド戦争のプロトタイプとして、レバノンを中心に活動するシーア派主導のイスラム国家樹立を目指す非国家集団ヒズボッラーとイスラエル軍の間で戦われた第二次レバノン戦争をあげた。

二〇〇六年七月一二日から九月八日までの戦闘で、ヒズボッラーは、旧ソ連製自走式多連装ロケット砲「カチューシャ」、ロシア製携帯式対戦車ロケット擲弾発射機「RPG‐29」、「AT‐13 Metis」、「AT‐14 Kornet」、イラン製攻撃型・無人航空機「Mirsad-1」、「Ababli-3 Swallow」、さらには「C‐802対艦巡航ミサイル」などを使用し、イスラエル軍を苦しめた。(41)

米海兵隊員によるハイブリッド戦争が進んだ理由は、当時の米国が、9・11同時多発テロを経験し、アフガニスタン、イラクで「テロとの戦い」を繰り広げており、質量ともに圧倒的優位に立っているはずの米軍が、タリバンやアルカイダなどの非国家主体を相手とする戦闘に苦しめられるアフガニスタン戦争やイラク戦争の現実に対応する必要があったからである。

NATO変革連合軍最高司令官(二〇〇七年~二〇〇九年)、米中央軍(CENTCOM)司令官(二〇一〇年~二〇一三年)として、中東で、タリバンやアルカイダ、「イスラム国」(IS)などの非国家主体との戦闘を指揮していた米海兵隊のマティス大将は、「テロとの戦い」、第二次レバノン戦争、ロシア・ジョージア戦争（二〇〇八年）の諸事例をつぶさに観察し、紛争形態がますますハイブリッドなものになるとの確信を強め、米国防総省や米軍高官と絶えず意見交換をした。[42]

マティスの認識は、以下の発言にあるように、やがて米国防総省や米軍高官の間で共有されるようになったが、オバマ政権期のホワイトハウスや、[43]NATO同盟国の間で広がることはなかった。[44]米国とNATOがハイブリッド戦争の脅威を認識しはじめるのは、二〇一四年のウクライナ危機を待たなければならなかった。

> 過去一〇年から学び取れる重要な教訓の一つは、ハイブリッド戦争という課題に、どう対応するかだ。こうした課題は、正規軍と非正規の準軍事組織や民間の敵対勢力、潜在的なテロリズム、犯罪などが入り混じる環境で任務を遂行する陸軍にとって、ますます、一般的なものになるだろう（レイモンド・T・オディエルノ第三八代米陸軍参謀総長、二〇一二年）。
>
> バグダッドの街並みやアフガニスタンの山岳地帯が、非正規戦争の実験場だったとするならば、陸軍は、ますます将来のハイブリッド戦争に備える必要があると、わたしは考える（ロバート・O・ワーク国防副長官、二〇一五年）。
>
> ハイブリッド紛争は、共通の目標に向かって協働する国家および非国家主体から構成される……ハイブリッド紛争は、あいまいさを増加させ、意思決定を複雑にし、効果的な対応を遅ら

せるのに資するものである（米国防総省『国家軍事戦略二〇一五年』）。

将来の戦争は、市民が高い密度で密集している極度に複雑な環境下で、通常戦力、特殊部隊、ゲリラ、テロリスト、犯罪集団すべてが入り混じるものとなるだろう（マーク・ミリー第三九代米陸軍参謀総長、二〇一六年）(45)。

その後、ヨーロッパではハイブリッド戦争やハイブリッド脅威の定義づけが進んでいくが、米国では、ハイブリッド戦争は、作戦上の概念の域を出ず、戦略や政策のレベルにインプットされていないのが、現状である。

二〇〇〇年代から現在まで、米国では、武装ゲリラやテロリスト集団などの非国家主体が、ハイブリッド戦争の遂行主体と想定されているきらいがある。また米国は、質量ともに圧倒的優位を誇る米軍が、たとえば「ならず者政権」などから武器供与その他の支援を受けて高性能の兵器で武装した非国家主体による多方面での多様な手段を用いた同時多発的攻撃にどう対応するかについての作戦上の概念として、ハイブリッド戦争が語られることが少なくない(46)。

今後、米中露の大国間競争が熾烈となり、ハイブリッド戦争の遂行主体に中国やロシアを据えた本格的研究が進む可能性もあるが、二〇二一年時点では、米国において、ハイブリッド戦争という言葉は、低強度紛争（ＬＩＣ）への対応や対反乱作戦（ＣＯＩＮ）に連なる形で理解されているようである。

ちなみに、きわめてあいまいな概念であるＬＩＣは、一九八〇年代の米国で登場した概念であり、当時のレーガン政権にとって、ＬＩＣは以下の紛争を指していた。それらは、ニカラグア内戦（サンディニスタ共産主義政府vs.親米反政府ゲリラ・コントラ）、アンゴラ内戦（親ソ派アンゴラ人民解放運動vs.アンゴラ全面独立民族同盟）、エチオピア内戦（親キューバのメンギス中央政権vs.エリトリア解放闘争）、カンボジア内戦（ベトナム占領軍vs.ポルポト派武装勢力）などである。(47)

NATOとEUによるハイブリッド戦争研究

二〇一六年四月、欧州委員会は、ハイブリッド脅威を「宣戦布告がなされる戦争の敷居よりも低い状態で、国家または非国家主体が、特定の目標を達成するために行なう、調整のとれた形態での、強制・破壊活動、伝統的手法、あるいは外交・軍事・経済・技術などの非伝統的手法の混合」とする定義を打ち出した。(48)

二〇一七年、米国のランド研究所のアンドリュー・ラディンは、報告書『バルト諸国におけるハイブリッド戦争』のなかで、軍事大国をハイブリッド戦争の遂行主体とする、より限定的な定義を打ち出した。ラディンは、ハイブリッド戦争を「対象国の国内政治に影響を与えるために、通常戦力あるいは核戦力に支援されたうえで行なわれる秘密または拒絶活動」と定義した。(49)

これら二つの定義は、次の点で意義深い。

第一に、ハイブリッドを字義どおり、「多くの要素が複雑に入り組んだ状態」と捉え、欧州委員会は、脅威の主体や手法のハイブリッド性を説明している。

第二に、ランド研究所の定義は、軍事的・経済的に強力な国家主体が発動するハイブリッド戦争に対処する困難さを暗示している。というのも、強力な国家主体は、非正規軍を支援すべく通常戦力をも使用する恐れもあり、さらには攻撃対象国の同盟国・友好国からの反撃を抑止するために核戦力をも展開することも考えられるからである。

その後、第3章で紹介するように、二〇一四年以降、直接的な軍事行動でもなければ、謎の武装勢力「リトル・グリーン・メン」による作戦ですらない活動が、ヨーロッパ各地で発生するようになった。

二〇一七年、NATOとEU（欧州連合）が共同で設立したフィンランド・ヘルシンキ所在のハイブリッド脅威対策センター（Hybrid CoE）は、こうした現実を踏まえつつ、数多くのハイブリッド戦争研究を調査し、ハイブリッド脅威という用語の包括的な定義を編み出した。Hybrid CoEによれば、ハイブリッド脅威とは、国家と非国家主体が協働で、次のような行動をとることで発生する。

①広範な手段を通じて民主主義国家の脆弱性を意図的に狙った調整のとれた同時多発的行動。

②有事／平時、対内／対外、地域／国家、国内／国際、友／敵といった境界や属性の敷居をなくすような行動。
③こうした行動の目的は、相手に害を加えながら、地域、国家、制度レベルで自らの戦略的目標を達成することである。[50]

二〇一八年一〇月、NATO加盟国国会議員会議（PA）の市民安全保障委員会（CDS）が報告書を公表した。NATO・PAとは、NATO加盟国間で幅広い意見交換を行ない、NATOの政策に反映させることを目的とした会議である。CDS報告書によれば、他国への政治介入、スパイ活動、犯罪行為、偽情報、プロパガンダ、サイバー攻撃は、ハイブリッド脅威の諸要素である。[51]

ここで挙げられている諸要素の一つである「偽情報」（disinformation）とは、「個人、社会集団、組織または国家に危害を加えるために故意に作成された虚偽の情報」を意味し、「単なるミス、過失などによる誤りの情報、虚偽であるが、害を加える目的で作成されたものではない情報」を意味する「誤情報」（misinformation）とは異なる。[52]（傍点強調は筆者）

CDS報告書では、本書第3章で紹介するモンテネグロと北マケドニアへのロシアの関与について、第二九パラグラフと第二〇パラグラフで、それぞれ指摘されている。

こうした米欧におけるハイブリッド戦争の概念の発展を振り返ると、ハイブリッド戦争、とりわけ、ウクライナ危機以降のそれは、歴史上の武装ゲリラ掃討作戦や「テロとの戦い」とは、根本的に性質が異なるものであることがわかる。というのも、中国やロシアなどの軍事大国は、非正規軍を支援すべく通常戦力をも使用する恐れがあり、さらには、攻撃対象国の同盟国・友好国からの反撃を抑止するため、核戦力をも展開することがあるからだ。(53)

この点をハイブリッド戦争の新しさというほかに、どう評価することができるだろう。

ハイブリッド戦争のロシア的理解

本章冒頭で述べたように、各国ごとに、ハイブリッド戦争の捉え方は、さまざまである。二〇二一年時点では、米欧では、中国やロシアをハイブリッド戦争の遂行主体と捉えるむきがあるが、中国やロシアにしてみれば、米国こそが、ハイブリッド戦争を仕掛けている張本人であり、イランや北朝鮮も、軍事的・経済的・心理的圧力をかけ、核・ミサイル開発を断念させようとする米国を、ハイブリッド戦争の遂行主体と糾弾している。(54)

このように、ハイブリッド戦争の捉え方は、それを語る主体によってさまざまなわけだが、概念の整理、つまり「何がハイブリッド戦争で、何がそうでないか」について整理しなくては、無用な混乱を招いてしまう。

そのため、ロシア、中国、イラン、北朝鮮によるハイブリッド戦争理解を否定する作業が必要となる。中国、イラン、北朝鮮のハイブリッド戦争理解は、ロシアにおける議論の系譜に位置づけられることから、ここでは、ハイブリッド戦争のロシア的理解をみておきたい。

ゲラシモフ・ドクトリン

二〇一四年のクリミア併合やウクライナ東部への介入の際、ロシアがハイブリッド戦争を遂行したと広く認識され、ハイブリッド戦争は、それを理論的に支えるテーゼを示したロシア軍参謀総長ヴァレリー・ゲラシモフの名前にちなんで、ゲラシモフ・ドクトリンと呼ばれることが多い。しかし、ロシアの軍事専門家・小泉悠が指摘するように、ハイブリッド戦争やゲラシモフ・ドクトリンは、ロシアの軍事ドクトリンとして正式に採用されているわけではない。あくまで、米欧がそう形容しているにすぎない。(55)

ゲラシモフ参謀総長は、どのようなテーゼを提唱したのか。二〇一三年初頭、彼は、論文「予測における科学の価値」で、次のように述べた。

「戦争のルール」は変わった。政治的・戦略的目標を達成させるための、非軍事的手段の担う役割は増加しつつあり、多くの場合、効率の面においては、軍隊の持つ兵器のパワーを上回ってさえもいる。……戦争手法は、住民の抗議ポテンシャルに応じて適用される政治、経済、情報、人道、その他の非軍事的手段の方向に変化しつつある。

二一世紀においては、平時と有事の間の多様な摩擦の傾向が続いている。戦争はもはや宣言されるものではなく、我々に馴染んだ形式の枠外ではじまり、進行するものである。……いわゆる「カラー革命」に関連するものを含めた紛争の経験は、まったく何の波乱もない国家が数か月、場合によっては数日で熾烈な武力衝突の舞台に投げ込まれ、外国勢力の介入の犠牲となり、混乱、人道危機、内戦を背負わされることになるのである。……

もちろん、「アラブの春」は戦争ではなく、したがって、我々軍人が研究しなくてもよいというのは簡単である。だが、もしかすると、これが二一世紀の典型的な戦争ではないだろうか？

ゲラシモフは、これからの戦争は「非軍事的手段」が主となりつつあるとのテーゼを掲げた。ゲラシモフによれば、国家の正規軍は、政治・経済・情報・人道・その他に及ぶ「非軍事的手段」を補完する目的で使用される。また、公然と軍事力を使用する場合には、平和維持活動および危機管理という形態を装う場合がある。これらを駆使して任務を遂行することで、敵国内部には「継続的に機能する前線」が出現する。

「カラー革命」とは、旧ソ連圏で発生した権威主義的な親露派政権から親米欧政権への体制転換であり、ジョージアの「バラ革命」（二〇〇三年）、ウクライナの「オレンジ革命」（二〇〇四年）、キルギスの「チューリップ革命」（二〇〇五年）を指す。ゲラシモフは、「カラー革命」や中東・北アフリカの権威主義体制が民衆の反抗により打倒された「アラブの春」などを、二一世紀の典型的な戦争として、ロシア軍が研究する必要性を説いた。[56]

こうした見方はゲラシモフ特有のものではない。

二〇一四年五月二三日、モスクワ国際安全保障会議でゲラシモフのテーゼが大々的に公表された。モスクワ国際安全保障会議とは、世界の防衛当局、安全保障専門家が集まるロシア国防省主催の国際会議であり、二〇一二年に創設された。二〇一四年の会議の共通テーマは「グローバルな安全保障と地域の安定」だった。

モスクワ国際安全保障会議で、ゲラシモフ参謀総長、セルゲイ・ラブロフ外相、ベラルーシのユーリー・ジャドビン国防相、ロシア軍のニコライ・ボルジュジャ大将、ウラジミール・ザルドゥニツキー参謀本部作戦総局長らは一様に以下の報告を行なった。

NATOのセルビア空爆（一九九九年）、アフガニスタン戦争（二〇〇一年）、イラク戦争（二〇〇三年）などは、暴力を用いた体制転換の典型例で、「カラー革命」や「アラブの春」は、直接的に暴力を用いていないものの民間軍事会社、反体制派への武器供与、外国人戦闘員の参加を通した体制転換を意図した行為である。[57]

他国の体制転換の背後には、米国が控えているとする、なかば陰謀論的な世界観はロシアの政治的言説では、珍しいものではない。[58] 実際の武力行使に相当するため、前者のセルビア空爆、アフガン・イラク戦争を、ハイブリッド戦争とするのは不適切だが、後者の「カラー革命」、「アラブの春」についていえば、ロシアは、米国が国際システムの単極構造下の優越的地位を利用し、他国に対して「直接的に暴力を用いないものの非国家主体を動員して体制転換を意図する行為」をハイブリッド戦争と大まかに捉えているように思われる。

こうしたハイブリッド戦争のロシア的理解は、ロシア政府や軍高官の発言からも、垣間見ることができる。二〇一三年、ロシア軍前参謀総長のユーリ・バウイエフスキーは、覇権国である米国は、その取り巻きとともに、ソフト・パワーやSNSを通じた内政干渉・反政府運動の扇動、サイバー空間における情報戦と社会分断工作、そして、民間軍事会社、NGO、メディアなどの非国家主体を動員し、米国の敵対政権の不安定化を図っており、ロシアにとっての脅威であると論じている。

二〇一九年には、ニコライ・パトルシェフ国家安全保障会議議長も、このような覇権勢力による不安定化工作に対抗するために、ロシアが国内統制を強めるべきだと主張している。[59]

二〇一五年末、ロシアは『国家安全保障戦略』を改定し、このなかで「カラー革命」を、ロシアの安全保障にとっての脅威と規定し、それまで俗語だった「カラー革命」が、公式の国家政策文書にまで登場するようになった。[60] チューリッヒ工科大学安全保障研究所のニコラス・ブーシェは、これを

「カラー革命」の「軍事化」と表現している。[61]

ロンドン大学キングス・カレッジのオフェル・フリードマンによれば、ロシアの軍事専門家の間では、「ギブリードナヤ・ヴァイナー」（ハイブリッド戦争）は、敵対国の人々の社会・文化的まとまりをそぎ落とす西側諸国の試みであり、究極的には、「カラー革命」によって、非友好的な体制を転換させるものと捉えられているという。[62]

このように、ロシア軍は、ある国家（ほとんどの場合、米国）が、軍事力を背景に、他国に対して、政治・経済・情報・人道などの「非軍事的手段」を多用して、影響力を行使し、最終的には、体制転換を引き起こす事態を、二一世紀の戦争と捉えたのであり、こうした脅威にロシア軍が効果的に対応する能力を身につけることこそが、ゲラシモフ論文（二〇一三年）のポイントだった。

ところが、こうした「ハイブリッドな戦い」を、実際に、クリミア併合やウクライナ東部への介入の際、ロシアが採用し、ロシアこそが、ハイブリッド戦争の遂行主体であると米欧から非難されるようになったのは、何とも皮肉である。

ロシア的理解を否定する

「米国が仕掛ける体制転換の試み」である「カラー革命」をハイブリッド戦争と捉えるロシア的理解は、大まかにいって、中国、イラン、北朝鮮などでも共有されているが、こうした理解は、権威主義から民主主義への体制転換を分析する比較政治学の研究によって否定される。

たしかに、米欧からの外的要因、たとえばＵＳＡＩＤ（米国際開発庁）による民主化支援やＥＵのＥＮＰ（欧州近隣諸国政策）なども存在したが、体制転換を経験した諸国の国内要因も重なって、「カラー革命」は発生したのである。米国は「カラー革命」諸国に対し、民主化支援のソフト・パワーを行使しただけであり、その効果は複雑な経路を経て、体制転換へとつながった。(63)

比較政治学者が指摘するように、たしかに、ジョージア、ウクライナ、キルギスでは「カラー革命」スタイルの体制転換があったが、ベラルーシ、アルメニア、カザフスタン、ウズベキスタンでは「カラー革命」の波は伝播しなかった。その理由としては、体制転換を望まないロシアからの圧力や米欧のソフト・パワーの効果を操作できる国内エリートの影響力が強かったからである。(64)

イランや北朝鮮の核・ミサイル開発・保有を断念させるための軍事的・経済的圧力を課す米国の対外政策については、ハイブリッド戦争という用語を用いるまでもなく、古典的な対外政策理論の一つである「強制外交」で事足りる。

いまだにとられていない行動を対象国に起こさせないよう説得する「抑止」とは異なり、「強制外交」では、対象国が、すでに起こしつつあるか、起こしてしまった行動を変更させるため、対象国の動機や意思に影響を与えることを目的に、手段として武力による威嚇が用いられる。(65)

以上のことから、ロシア、中国、イラン、北朝鮮が主張するところの「ハイブリッド戦争」は、

「ハイブリッド戦争」と捉えるまでもなく、別の概念で説明が可能である。無用な混乱を避けるためにも、ハイブリッド戦争の権威主義勢力側の理解は否定し、日本としては、すでに紹介した米欧で進んでいるハイブリッド戦争の研究を参照しながら、言葉の定義を考えていく必要がある。

第三節　ハイブリッド戦争の定義

平時でも有事でもない「グレーゾーン」

序章で紹介したように、日本でもハイブリッド戦争への関心が高まっており、『防衛白書』（令和二年版）でも、ハイブリッド戦争という言葉が、前面に登場している。しかし、日本では、研究者の手によるハイブリッド戦争に関する書籍は、これまでなかった。今後は、防衛省・自衛隊における認識と研究者の手による研究をつなげ、意味のあるハイブリッド戦争の議論をする必要があることから、本節では、ハイブリッド戦争の定義を、日本の事態推移と関連づけながら考えてみたい。

二〇一五年の平和安全法制の整備にむけて、日本では「グレーゾーン」という概念が登場した。『防衛白書』によれば、グレーゾーン事態とは「純然たる平時でも有事でもない幅広い状況を端的に表現したもの」であり、[66] 以下の状況がありうるという。

①国家間において、領土・主権・海洋を含む経済権益などについて主張の対立があり、②そのような対立に関して、少なくとも一方の当事者が自国の主張・要求を訴え、または他方の当事者に受け入れさせることを、当事者間の外交交渉などに拠らずして、③少なくとも一方の当事者がそのような主張・要求の訴えや受け入れ強要を企図して、武力攻撃に当たらない範囲で、実力組織などを用いて、頻繁にプレゼンスを示したり、何らかの現状の変更を試みたり、現状そのものを変更したりする行為を行う。[67]

グレーゾーン事態は、南シナ海・東シナ海における中国の海洋進出を念頭においた概念であることは、いうまでもない。米海軍大学のマイケル・B・ピーターセンも「グレーゾーン活動は、伝統的な戦争と平和の間にある競争的相互作用」とし、「明白な軍事紛争を含むものではない」としており、[68]日本における議論の方が、国家主権に関する事案を想定した踏み込んだ内容になっているが、日米間で、グレーゾーンの基本的認識は一致している。

現在、日本では、「平時」、「グレーゾーン」、「有事」の三つの事態推移が想定されている。

狭義の定義――グレーゾーンにおけるハイブリッド戦争

本章第二節で紹介した欧州委員会とランド研究所の定義をベースにすれば、次のようなハイブリッド戦争の定義が完成する。すなわち「宣戦布告がなされる戦争の敷居よりも低い状態で、特定の目標を達成するために、国家または非国家主体が、調整のとれた状態で、通常戦力あるいは核戦力に支援されたうえで行なう強制・破壊・秘密・拒絶活動」である。

この定義で、二〇一四年のクリミア併合型のロシアの作戦を的確に説明できる。クリミア併合は、通常戦力を直接投入した武力行使がみられなかったことから、「グレーゾーン事態」に該当する。

広義の定義――平時におけるハイブリッド戦争

第3章で詳しく述べるように、ヨーロッパでは、ハイブリッド戦争という場合、「有事」とはいえないものの、クリミア併合型の作戦から、「平時」の段階から常に、Hybrid CoEが示すところのハイブリッド脅威（本章第二節）が及ぶ事態までを想定しはじめるようになったといえる。

このことから「平時からハイブリッド脅威が及ぶ事態」という、やや大まかなハイブリッド戦争の定義を提示することが可能だ。この定義によれば、直接的な軍事行動でもなければ、謎の武装集団すら出現しない数々の作戦を説明することができる。

マルチドメイン作戦

ところで、日本では、マルチドメイン作戦をハイブリッド戦争と理解するむきがある。『産経ニュース』（二〇二〇年五月一〇日付）は、ウクライナ紛争で、ロシアが、電子戦、サイバー戦を一体化させた世界初の作戦を展開したことを報じた。記事によると、ウクライナ軍の無線通信を電子戦による電波妨害で遮断し、サイバー戦により携帯電話網を通じ、虚偽の指令をウクライナ軍兵士にメールで送信して誘導したうえで、火砲などの攻撃を連動させていた。(69)

実際にロシア軍は「レペレント1」（ドローン妨害システム）、「クラスーハ2」（電波妨害システム）、「ヴィリーナ」（AI搭載電波妨害システム）、「レール3」（携帯通信妨害システム）という四種類の新型電子戦システムをウクライナ紛争で投入した。(70)

電子戦、サイバー戦、心理戦に加えて、火力戦闘部隊も結びついている様子をハイブリッド戦争と理解しようとするむきが、日本ではあるようだが、これまで参照してきた先行研究から考えると、こうした戦闘形態は、ハイブリッド戦争という用語を使用するまでもなく、より適切な「マルチドメイン作戦」という用語を使用すればよいと筆者は考える。

防衛省・自衛隊関係者による共同研究の成果物として『近未来戦を決する「マルチドメイン作戦」』（国書刊行会、二〇二〇年）がある。同書によれば、マルチドメイン作戦とは「従来の陸上、海上、航空の領域（ドメイン）に加え、宇宙、サイバー、電磁波といった新たな領域を含めた多領域（マルチドメイン）作戦」を指し、「すべての領域における能力を横断的・有機的に結合し、その相乗（シナジー）効果により全体としての能力を増幅させることを目指して計画・遂行される」ものである。[71]

先行研究やヨーロッパでの動向からみえてくる、ハイブリッド戦争のポイントは、なによりも「戦争の敷居よりも低い状態で」、つまり正規軍同士の戦争（国際法上の「武力行使」、日本の防衛用語でいう「有事」）に至らない状況で、脅威が及んでいる点である。

ウクライナでは、実際の紛争がすでに発生しているのであり、ロシア軍の一体化した電子戦・サイバー戦は、「有事」下のマルチドメイン作戦の一環として理解した方が適切ではないかと筆者は考える。

なぜ日本では、ハイブリッド戦争がマルチドメイン作戦と、ほぼ同義で理解されがちなのだろうか。一つの可能性としては、日本の防衛関係者に広く読まれている米海軍大学中国海事研究所の研究書籍『中国の海洋強国戦略―グレーゾーン作戦と展開』で紹介されている次の一節にあるものと考えられる。

> ハイブリッド戦は、陸上、海上、空中、さらにはサイバー領域での戦場において共通の政治的目標を持つ正規部隊と非正規部隊とを組み合わせた戦争の形態である。ハイブリッド戦は紛争と戦闘の領域で存在するもので、グレーゾーン活動とは異なる紛争領域に位置するものである。ハイブリッド戦は平和でもないし、グレーでもない。それは「戦場において所望の政治目

的を達成するために、通常兵器と非正規戦術の混然一体となった融合を同時にかつ適切に使用するあらゆる敵対者によって」実行されることができるものである。（傍点強調は筆者）

引用文では、ハイブリッド戦争が、「戦争の形態」、「平和でもグレーでもない紛争と戦闘の領域」でみられる現象と説明している。

ただ、ここで注意したいのは、この一節の執筆に際し、参照されているのは、序章で紹介したマーレーとマンスールが編集した研究書籍（二〇一二年）とホフマンが二〇一五年に発表した論文のみであり、本書序章で紹介した膨大な蓄積が進んでいる先行研究がまったく参照されていない。繰り返しになるが、ヨーロッパでは、研究でも実務でも、「有事」と「平時」の間の「グレーゾーン」から、「平時」の段階からハイブリッド脅威が及んでいる状態としてのハイブリッド戦争に関心が集まっているのである。

何より、日本の『防衛白書』（令和二年版）にも、次のように解説されている。

> いわゆる「グレーゾーンの事態」とは、純然たる平時でも有事でもない幅広い状況を端的に表現したものです。……いわゆる「ハイブリッド戦」は、軍事と非軍事の境界を意図的に曖昧にした現状変更の手法であり、このような手法は相手方に軍事面にとどまらない複雑な対応を

平時		グレーゾーン	有事	
平和	広義の定義 ハイブリッド戦争	狭義の定義	マルチドメイン作戦 ≠ハイブリッド戦争	核戦争

図1 事態推移におけるハイブリッド戦争の定位（筆者作成）

強いることになります。……外形上、「武力の行使」と明確には認定しがたい手段をとることにより、軍の初動対応を遅らせるなど相手方の対応を困難なものにするとともに、自国の関与を否定するねらいがあるとの指摘もあります。顕在化する国家間の競争の一環として、「ハイブリッド戦」を含む多様な手段により、グレーゾーン事態が長期にわたり継続する傾向にあります。

……このような国家間の競争は、軍や法執行機関を用いて他国の主権を脅かすことや、ソーシャル・ネットワークなどを用いて他国の世論を操作することなど、多様な手段により、平素から恒常的に行われている。こうした競争においては、いわゆる「ハイブリッド戦」が採られることもあり、相手方に軍事面に止まらない複雑な対応を強いている。（傍点強調は筆者）

『防衛白書』（令和二年版）でも、ハイブリッド戦争は、「グレーゾーン」と「平時」における現象と捉えられているのである。序章でも指摘したが、先行研究のレビューの重要性がわかるだろう。

以上のことを踏まえて、本節で紹介してきた定義を「平時」、「グレーゾーン」、「有事」の三つの事態推移で定位すると、図1のようになる。

廣瀬『ハイブリッド戦争』に対する本書の見解

序章でも紹介したように、二〇二一年二月、旧ソ連地域研究者の廣瀬陽子が『ハイブリッド戦争——ロシアの新しい国家戦略』（講談社現代新書）を発表している。廣瀬の著書は、「ハイブリッド戦争」という用語を冠した日本語でのはじめての著作であるが、問題点が少なくないと、筆者は考えている。

ヨーロッパ留学中、筆者は、特定非営利活動法人「外交政策センター」のホームページ上で、二〇一七年暮れから数回にかけて、ハイブリッド戦争に関する国際情勢分析記事を連載してきた。二〇一九年以降は、大学紀要、学会誌、インターネットメディアを通じ、ハイブリッド戦争に関する理論研究・事例研究を公表している。

「新書だから」という理由があるのかもしれないが、巻末の参考註リストには、筆者の公表済みの先行研究が一つも記載されていない。筆者が進めてきた先行研究が参照されてないことは（先行研究のレビューが学術研究活動の第一段階であることを考えれば、気になることではあるが）、まあ、それはいい。ところが、筆者だけでなく、本章で紹介した膨大な先行研究のほとんどが参照・レビューされていないのは、いかがなものだろうか。

おそらくこれが原因なのかもしれないが、廣瀬は「ハイブリッド戦争」の定義として、「政治的目的を達成するために軍事的脅迫とそれ以外のさまざまな手段、つまり、正規戦・非正規戦が組み合わされた戦争の手法である。いわゆる軍事的な戦闘に加え、政治、経済、外交、プロパガンダを含む情報、心理戦などのツールの他、テロや犯罪行為なども公式・非公式に組み合わされて展開される」（傍点強調は筆者）と説明する（二四頁）。この一節に付せられているべき脚注はない。

廣瀬の著書は、ハイブリッド戦争の先行研究に該当するため、本書では、廣瀬の定義について、次の三つの点から、問題点を指摘したい。

第一に、同定義にはハイブリッド戦争を遂行するのが、国家主体なのか、非国家主体なのかという「主語」が明らかになっていない。序章および本章で紹介したように、先行研究においては、ハイブリッド戦争の遂行主体として、二〇一四年以前は、テロなどの非国家主体、二〇一四年以降は、中国やロシア、イランなどの国家主体をすえるのが通説となっている。「主語」が明確ではないため、「ハイブリッド戦争はロシア特有の戦略ではなく、二〇一四年にやはり世界を震撼させたイスラー《ママ》ム教スンニ派組織ＩＳＩＳもハイブリッド戦争を展開していると言われている」という説明が成立してしまう（二八頁）。

厳密にいえば、「イスラム国」（ＩＳ）が「ならず者政権」の代理人（プロキシー）となって、他国の主権や領土を戦争に至らない状態の低烈度で脅威を及ぼしているのであれば、「イスラム国」をハイブリッド戦争の遂行主体といえるが、特定の国家と「イスラム国」が共同戦線を張っている事実はない。前述のように、廣瀬は「と言われている」という伝聞口調で執筆しているが、脚注をたどってみると、『エコノミスト』誌の記事（二〇一四年九月一五日付）のみが引用されており、何らかの研究成果物の引用ではない。(72)

第二に、廣瀬の定義には「戦争の敷居よりも低い状態で」という決定的に重要な一節が抜け落ちており、ハイブリッド戦争を「戦争の手法」と説明している。こうした捉え方が、もはや一般的でないことは、米欧の先行研究のレビューやNATO、EUの動向を精査した本章で、すでに述べたところである。

ハイブリッド戦争を「戦争」（正規軍が衝突する武力行使）と捉えているため、正規軍が衝突した二〇〇八年のロシア・ジョージア戦争も、(73)二〇二〇年のアルメニア・アゼルバイジャンの間のナゴルノ・カラバフ戦争も、廣瀬は「ハイブリッド戦争」と説明してしまっている（二九頁および一二頁）。

これと関連して、廣瀬は、陸・海・空の作戦領域における「通常兵器による戦争」とサイバー空間における「サイバー戦争」を組み合わせて、「ハイブリッド戦争」または複数の空間で同時に戦闘を行なうことから「マルチ・ドメイン（多次元）戦闘」と説明しているが（九五頁。なお、出所は『朝日新聞』〔二〇二〇年五月二〇日〕とある）、ハイブリッド戦争とマルチドメイン作戦の違いについても、すでに説明したとおりである。

第三に、廣瀬の定義では、そう読み取れなくもないが、ハイブリッド戦争それ自体が敵対的行動であるという基本的な性格が明示されていない。廣瀬の著作の第五章はハイブリッド戦争の最前線として、アフリカ情勢の事例が紹介されている。[74] ただ、第五章を読み進めていくと、ロシアは、アフリカ諸国と軍事、政治、経済などさまざまな領域で協力関係を構築し、連携強化を図っている事例ばかりが紹介されている。アフリカ諸国と友好関係を構築するという政治的目的を達成するために、本来、敵対的行動である「ハイブリッド戦争」を仕掛けているという構図は、なかなか理解しにくい。

こうした取り組みまでも「ハイブリッド戦争」としてしまえば、日本がアフリカ諸国に対して行なっている（いた）経済・技術支援や人道援助、さらには海賊対策やＰＫＯ（平和維持活動）も「ハイブリッド戦争」と指摘されることにもつながりかねず、無用な混乱を招くおそれがある。

慶應義塾大学教授で、国家安全保障局顧問（二〇一八年〜二〇二〇年）を歴任されただけあって、筆者は、廣瀬の著作が一定の影響力を持つものだと考えている。そこで本書では、学術研究の基本である先行研究の「批判的《クリティカル》」なレビューという観点から、こうした指摘を行なわせていただいた。

廣瀬は「まだ概念としても定まっておらず、研究対象としても成熟していない」とハイブリッド戦争を紹介しているが（三三八頁）、二〇一九年時点で、九九〇〇件にのぼる先行研究がある同分野は「成熟していない」などと、とてもいえるものではない。ただ、概念としても定まっていないという指摘には、筆者も大いに賛同するところである。だからこそ、ハイブリッド戦争に関する先行研究や実際の政策動向をつぶさにレビューし、意味のある概念として捉え直していくという姿勢が必要なのではないだろうか。

筆者は、切に、そう考える。

本書の事例研究の紹介

本書の続く各章では、事例分析を行なう。

第2章では、二〇一四年のクリミア併合とウクライナ東部紛争におけるロシアのハイブリッド戦争の事例、第3章では、クリミア併合後の中東欧でみられたロシアのハイブリッド戦争の事例をそれぞれ扱う。

前者が「グレーゾーン」下のハイブリッド戦争から「有事」に発展した事例であるのに対し、後者は「グレーゾーン」から「平時」寄りのハイブリッド戦争の事例となる。

第4章では、中国という主体に焦点を当て、中国がすでにハイブリッド戦争やマルチドメイン作戦を遂行する能力を有している点、そして、台湾・南シナ海・東シナ海といったインド太平洋地域のみならず、中東欧地域においても、ハイブリッド脅威を与えている点について、考えてみたい。

第2章　ロシアのクリミア併合作戦（二〇一四年）

第一節　ウクライナ危機前史

プーチンのミュンヘン演説（二〇〇七年）

二〇〇七年二月、ドイツ、ミュンヘン。

この日、ミュンヘン安全保障会議が開催され、各国首脳、閣僚、国会議員、国際機関関係者が世界中から集まった。ミュンヘン安全保障会議は、一九六三年の創設以来、米欧における最も権威ある国際会議の地位を確立してきた。二月一〇日、ロシアのプーチン大統領は演説を行ない、米国を頂点とする単極の国際システム、米国による他国への軍事介入や自由・民主主義という価値の押し付け、米国主導の同盟システムであるＮＡＴＯ（北大西洋条約機構）の東方拡大などを挙げながら、西側批判

を行なった。(75)

一九九一年一二月にソ連が解体し、冷戦が終結すると、国際システムは、米ソによる二極システムから米国にパワーが集中する単極の国際システムへと変化した。単極システム下にあって、たしかに、米国は他国への軍事介入を行なってきた。

一九九九年三月、セルビア国内のコソボ自治州のアルバニア系住民に対する虐殺を止めるため、NATOはセルビアを空爆した。二〇〇一年一〇月、9・11同時多発テロの報復として、NATOはアフガニスタンを攻撃。二〇〇三年三月には、米国主導の有志連合は、テロリストとのつながりや大量破壊兵器の製造・保有の疑いのあったイラクを攻撃した。

アフガニスタン戦争、イラク戦争を主導したジョージ・W・ブッシュ政権は、米国外交の基調に「フリーダム・アジェンダ」を据え、世界大での自由・民主主義の拡大を唱道した。これに呼応するかのように、二〇〇三年から二〇〇五年にかけて、旧ソ連圏のジョージア、ウクライナ、キルギスでは、権威主義的な親露派政権から親米欧政権への体制転換が立て続けに起こった（第1章参照）。

冷戦期にソ連軍の西欧侵攻を阻止するために結成されたNATOは、ソ連解体後も存続し、中東欧へ拡大を続けた。一九九九年と二〇〇四年には、冷戦後のNATO第一次、第二次東方拡大があり、ハンガリー、ポーランド、チェコ（以上、一九九九年）、スロバキア、スロベニア、ルーマニア、ブルガリア、エストニア、ラトビア、リトアニア（以上、二〇〇四年）がNATOに加盟した。こうしたNATO東方拡大は、ロシア周辺の安全保障環境を大きく損ねる動きであったことから、西側はロシアに対して「安心供与」を施していく。

たとえば、NATOは協調的安全保障という精神を掲げている。協調的安全保障とは、国際平和と安定のため、ヨーロッパ域外諸国とパートナーシップを強化していくこと、そして、NATO基準に合致するヨーロッパのすべての民主主義国家にNATO加盟の門戸が開かれているとするものである。

協調的安全保障の精神を制度化したものが、NATOの「平和のためのパートナーシップ」(PfP)である。一九九四年、ロシアは、ウクライナ、ジョージアとともにPfPに加盟した。一九九七年五月には、NATOとロシアは「基本文書」に調印し、双方が敵対関係ではないことを再確認した。さらに、一九九八年には、G7にロシアが招待されてG8となり、二〇〇二年五月には、NATO・ロシア理事会が設立されるなど、ロシアとのパートナーシップ関係構築が図られた。

とはいえ、ロシアにとって、とりわけウクライナ情勢は無視できなかった。

そもそも、現在のウクライナ領内にかつて存在したキエフ・ルーシ(八二二年成立)は、ロシア国家の前身と考えられている。キエフ・ルーシは、一二四〇年に、モンゴルの侵攻によって滅亡し、現在ロシアと呼ばれている一帯も、かつてはモンゴル帝国の版図に組み込まれた。一六世紀中頃から、モンゴルの「くびき」から脱した原初ロシア帝国は、現在のウクライナを起点として、コーカサス、モスクワ、シベリア方面へと拡大していった。[76]
こうした歴史があるため、ロシアにとって、ウクライナとは「ほとんど我々」だった。[77] 二〇〇四年にウクライナで親露派政権が倒れ、親米欧政権が成立したことは、「ウクライナの喪失」という衝撃をロシアに与えた。それは、米国の歴史にたとえるならば、米国が東部一三植民地を一挙に喪失するようなものだった。[78]
やがて、ウクライナは、ロシアとの関係は維持しつつも、EU（欧州連合）やNATOとの関係強化に乗り出した。シカゴ大学の国際政治学者ジョン・ミアシャイマーは、ロシアが、バランス・オブ・パワーの発想の下、ウクライナ方面への西側の影響力拡大に対抗するため、ウクライナのクリミア併合へと踏み切ったと説明する。[79]
振り返ってみれば、ウクライナ危機を引き起こしたロシアの行動の背景にある、ロシアの西側に対する不信感は、すでにプーチン大統領がミュンヘン安全保障会議（二〇〇七年）で表明していた。プーチンのミュンヘン演説を振り返らなければ、ウクライナ危機の本質の一端はわからない。

クリミア半島は誰のものか？

クリミア半島は、ウクライナ南部の黒海に突き出した格好の半島である。クリミア半島の面積は、約二万七〇〇〇平方キロメートルであり、日本の新潟県と長野県を合計するほどの面積である。クリ

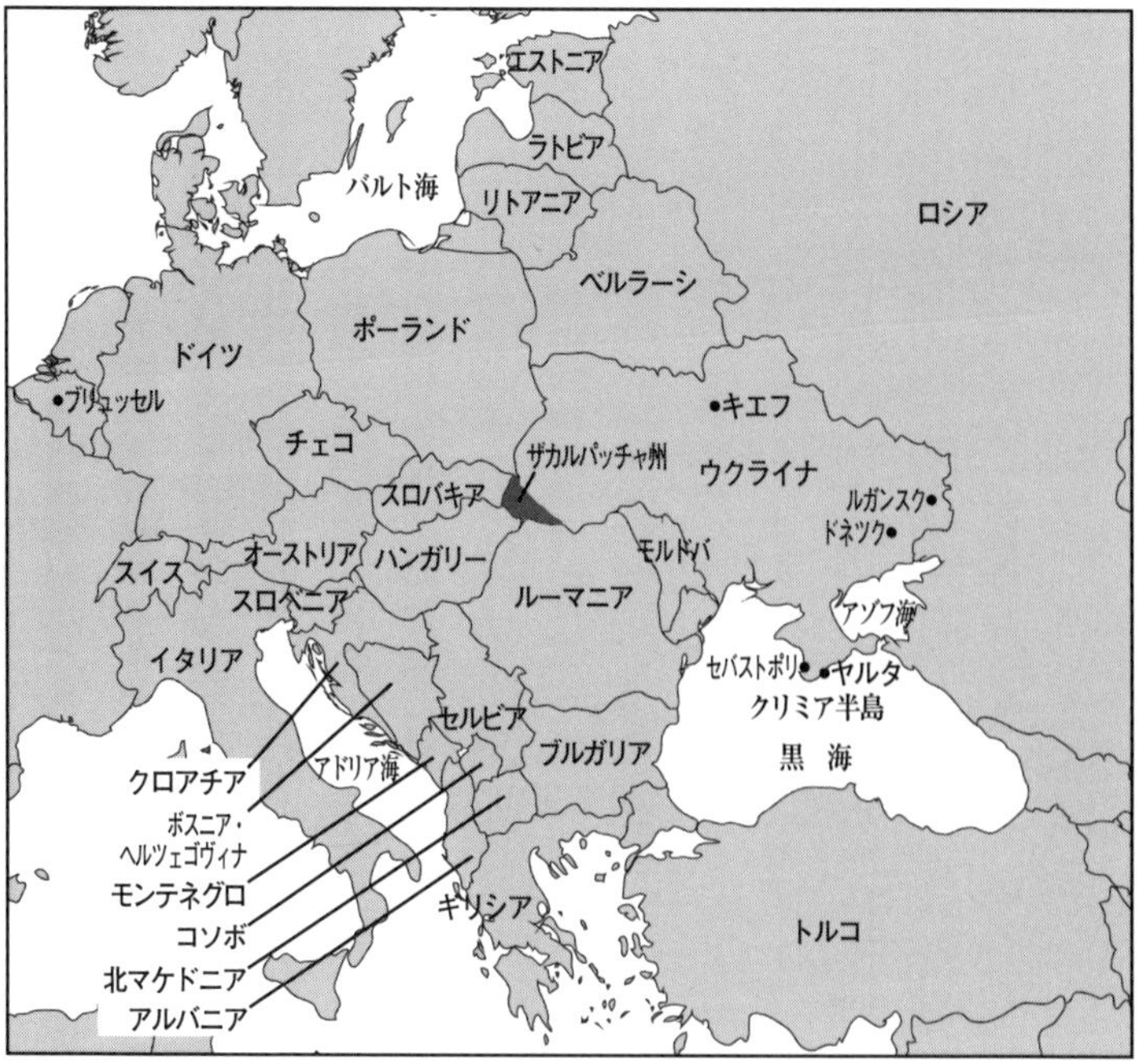

ミア半島の人口は、約二三五万人（二〇一四年時点）。クリミア半島は「半島」という言葉から、すぐさまイメージすることが難しいが、意外にも、小さくはない。

クリミア半島は、近代以降、しばしば大国間政治の舞台となった。伝統的に「不凍港」を求めて「南下政策」を進めたロシア帝国は、戦略上の要衝としてクリミア半島に目をつけていた。一九世紀には、ロシア帝国と、オスマン帝国・英国・フランス同盟軍が戦ったクリミア戦争（一八五三年～一八五六年）があった。クリミア戦争のセバストポリ要塞の激戦は有名である。

二〇世紀には、ソ連とナチ・ドイツと

の間の「大祖国戦争」（一九四一年〜一九四五年）があった。このときもセバストポリは、独ソ両軍の間の激戦地となった。こうしたこともあり、ロシアが外国勢力と戦った「神聖なる土地」としてセバストポリを捉える「セバストポリの神話」が、ロシア人の心のなかに刻み込まれるようになった。(80)

第二次世界大戦後の世界秩序について、米英ソの首脳が話し合った会談の地ヤルタも、クリミア半島にある。

クリミア半島の法的地位については、少々複雑である。

法律上は、一九一七年のロシア革命まで、クリミアはロシア帝国の領土だった。その後、ソ連が成立してからは、クリミア半島はソ連を構成するロシア・ソビエト連邦社会主義共和国に編入されたが、一九五四年二月一九日、ソ連共産党書記長ニキータ・フルシチョフはクリミア州をウクライナ・ソビエト社会主義共和国へ移管することを決定した。ソ連は、一九九一年の解体を迎えるまで、一五の共和国で成立していた連邦国家だった。ロシア・ソビエト連邦社会主義共和国やウクライナ・ソビエト社会主義共和国は、ともにソ連を構成する共和国である。

ソ連から独立し、クリミア半島を引き継いだウクライナは、クリミアに「自治共和国」の地位を与えた。ところが、地元住民の多数がロシア系住民であったことから、一九九〇年代から、クリミアでは、ウクライナからの独立を求める機運が強かった。ウクライナ政府の圧力で最終的に撤回されたが、一九九二年五月、クリミア議会はウクライナからの独立宣言を決議したことほどだった。

ロシアにしてみれば、クリミアは、外国勢力の侵略を撃退せんとロシア人が死闘を繰り広げた「神聖なる土地」であり、戦略的にも心情的にも、極めて重要な場所だった。クリミアに住むロシア系住民の間にも、いつかウクライナから独立し、ロシアに入りたいと願う気持ちがあった。

クリミアには、ウクライナ独立後もロシア系住民が信奉する「セバストポリの神話」を体現する形で、ロシア黒海艦隊問題が存在していた。一九九七年、ロシアとウクライナは「ロシア黒海艦隊の地位及び駐留条件に関する協定」を締結し、二〇一七年までのロシア黒海艦隊のウクライナ駐留を原則的に認めていた。二〇〇四年の「オレンジ革命」後のウクライナ政府は、二〇〇七年、EUとのDCFTA（包括的自由貿易協定）を主眼とする連合協定交渉をはじめたが、これをきっかけに、ロシアとの間でガス紛争が発生し、ウクライナとロシアの関係は著しく悪化した。

二〇一〇年二月に就任したビクトル・ヤヌコビッチ大統領は、対露関係の改善を図った。同年四月、ヤヌコビッチ大統領は、ロシアとの間でガス問題および黒海艦隊問題に関するパッケージ合意文書に署名し、二〇一九年までのガス価格割引の代償として、ロシア黒海艦隊のウクライナ駐留期限を二〇四二年まで延長することに合意した。(81)

こうしたことがあり、ウクライナ危機が発生時には、クリミア半島には、ロシア海軍がすでに駐留していたのである。

非核三原則の中立ウクライナ

ウクライナは、一九九〇年の主権宣言（七月一六日最高会議採択）で、「将来、軍事ブロックに属さない中立国となり、核兵器を使用、生産、保有しないという非核三原則を堅持する国家」となることを明らかにした。

ソ連が解体し、ソ連から独立して以降、ウクライナは中立を安全保障政策の基軸とした。そのため、ウクライナは旧ソ連の共和国から構成されるロシア主導のＣＩＳ（独立国家共同体）集団安全保障条約には加盟せず、ＮＡＴＯ加盟も既定方針としなかった。

独立後、ウクライナは大規模なソ連の核戦力を国内で継承することとなった。その内訳は、五〇〇〇発に上る核地雷を中心とする戦術核にくわえ、戦略核の核弾頭一七〇〇～一九〇〇発、多弾頭化（六弾頭搭載）ＩＣＢＭ（大陸間弾道ミサイル）・ＳＳ‐19一三〇基、多弾頭化（一〇弾頭搭載）ＩＣＢＭ・ＳＳ‐24四六基、戦略爆撃機四四機であり、ウクライナは、期せずして米露に次ぐ「世界第三の核保有国」となった。(82)

一方で、冷戦後の核拡散を懸念していた米国、ロシア、英国は、ウクライナに非核保有国となることを迫り、他方で、ロシアと国境を接するウクライナは、核を放棄する代わりに、国際社会から自国の領土一体性を保障してもらうことが課題であった。

一九九四年一二月、米国、ロシア、英国は「ブダペスト覚書」を締結し、ウクライナは核を放棄する代わりに、米国、ロシア、英国は、ウクライナの領土一体性を保障し（第一項目）、ウクライナへの武力行使および武力による威嚇を控えることとした（第二項目）。非核保有国ウクライナに対して、万が一、核を使用した武力行使および武力による威嚇が発生した場合、米国、ロシア、英国は、ウクライナへの援助を提供するよう、国連安全保障理事会に働きかけることも約束された（第四項目）[83]。

ウクライナの非核化政策を進めていた米国は、すでに述べたように、ハンガリー、ポーランド、チェコを加盟させるNATO東方拡大政策も進めていた。ウクライナ国境に迫るNATOに対し、中立を掲げるウクライナには、自国がNATOとロシアの間の緩衝地帯となることへの嫌悪感があった。

こうしたことから、一九九七年七月、ウクライナはNATOと「特別なパートナーシップ憲章」を交わし、NATOは東方拡大するものの、近隣のウクライナに西側からの核の脅威を与えないことが約束された[84]。同年五月には、ウクライナはロシアとも「友好・協力・パートナーシップ条約」を締結し、ロシアとの間で、国境不可侵・領土一体性を確認した[85]。

二〇〇四年の「オレンジ革命」で発足したウクライナの新政権は、親米欧政策の下でNATOへの接近をはじめた。当時、「フリーダム・アジェンダ」を掲げていたブッシュ政権は、二〇〇八年四月のNATOブカレスト首脳会議で、同盟国首脳とともに、ウクライナのNATO加盟問題を議論した。

ブッシュ大統領の頭のなかには、相反する二つの考えがあった。一つは「民主国家ウクライナがNATO加盟を希望している以上、断るわけにはいかない」というもので、もう一つは「とはいえ、ブカレストの後に、プーチンとの首脳会談を控えていたことから、ウクライナのNATO加盟問題はロシアを刺激しかねない」という考えである。結局、ブカレストでは、ウクライナの正式なNATO加盟招請は決定されなかったが、「将来的にはウクライナのNATO加盟はあり得ること」が発表された。

ウクライナのNATO加盟問題は「加盟するか否かではなく、いつ加盟するかの問題」となり、同じ頃のウクライナのEU接近も重なり、ロシアでは対米不信が高まった。(86)

二〇〇八年一二月、米国は、個別にウクライナと「戦略的パートナーシップ憲章」を締結したが、両国間の具体的な安全保障協力の取り決めを約束していない同憲章は、(87)ブカレストでNATO加盟招請されなかったウクライナへの「残念賞」だったと、元米国ウクライナ大使のスティーブン・パイファーは評価している。(88)

こうしたことから、二〇一四年を迎えるまで、そして現在もなお、これまでウクライナが締結した、いかなる条約や憲章にも規定されていなかったため、米軍やNATO軍によるウクライナに対する条約上の防衛義務は、なかったのである。

第二節　ウクライナ危機発生

ＥＵ派市民の抗議デモ「ユーロ・マイダン」

二〇一三年一一月二一日、ヤヌコビッチ大統領は、ＥＵとの連合協定交渉の一時中止を発表した。これに反対するＥＵ派市民は抗議デモ「ユーロ・マイダン」をはじめた。「マイダン」とは、ウクライナ語で「広場」を意味し、最初の抗議者がキエフの独立広場に集結したことから、「ユーロ・マイダン」と呼ばれるようになった。

平和的にはじまったデモは、次第に警察との暴力的な衝突に変わった。ウクライナの警察とウクライナ内務省管轄の特殊部隊「ベルクート」が、のべ一万人以上動員された。デモ隊も過激化した。その先頭にいたのが、ネオナチ集団「自由」（スヴァボーダ）や極右政党「右派セクター」の行動隊だった。(89)「ユーロ・マイダン」運動は激しさを増した。

二〇一三年一二月中旬には、デモ参加者に初の死者が出た。

二〇一四年二月、ヤヌコビッチ政権が集会の自由を制限する法律を採択すると、デモ参加者の過激化とともに、二月一八日の二日間には、一〇〇人を超える犠牲者を出す銃撃戦が発生した。ウクライナ保健省の報告によると、二〇一三年一一月と二〇一四年二月の間に、ウクライナで一〇六人が落命し、そのうち少なくとも七八人がキエフの独立広場周辺で死亡している。[90]「マイダン」は混乱をきわめていた。

事態を収拾できないまま、二月二二日、ヤヌコビッチ大統領はロシアへ逃亡した。

二〇一三年秋のウクライナ危機の最中、あるいはそれ以前から、ロシアは経済・サイバー・軍事面でさまざまな圧力をウクライナにかけていた。そもそも天然ガス供給問題を梃子にしたロシアの経済的圧力により、ヤヌコビッチ政権がEUとの関係強化を一時中止する決定をしたと考えられている。

この決定が下された二〇一三年一一月、ウクライナの政府、メディア、TVチャンネルは身元不明のDDoS（分散型サービス拒否）攻撃やサイト書き換え（defacement）攻撃を受けた。DDoS攻撃とは「攻撃目標である目標システムに処理能力以上の大量のパケット（packet／小さなデータのかたまり。もともとの意味は小包）を送りつけて敵のシステムやネットワーク機能を麻痺させ、正規の利用を妨害する方法」であり、サイバー戦における、最も基本的な攻撃要領である。[91]

これにより、ウクライナ政府ウェブサイトは七二時間もダウンする事態が発生した。

ウクライナにサイバー攻撃を仕掛けたのは、親露派集団「サイバー・ベルクート」やAPT28などであると目されている。「サイバー・ベルクート」はウクライナ東部を拠点にする分離主義勢力であり、構成員は親露派ウクライナ人とロシア人とみられている。APT28は、二〇〇八年のロシア・ジョージア戦争以降、活動を開始し、GRU（ロシア軍参謀本部情報総局）とのつながりが指摘される。[92]

ヤヌコビッチ政権が転覆した直後の二〇一四年二月二六日、ウクライナ国境付近には一五万人規模のロシア軍が「訓練」のため展開し、ウクライナ情勢のいかんによっては、ロシアがいつでも軍事介入できる態勢にあった。(93)

クリミア併合作戦

ヨーロッパ留学中、筆者はウクライナ人研究者に、どうしてウクライナ政府がロシアのハイブリッド戦争に効果的に対応できず、クリミア半島併合を許してしまったのかと尋ねたことがある。青い目でわたしをじっと見つめながら、彼女はこう答えた。「あれは、まさに電撃戦（ブリッツクリーク）だったのよ。目まぐるしい速さで事態が進んでいて、ウクライナ政府には、なす術《すべ》がなかったのよ」

クリミアで最初のロシア軍の動きがあったのはセバストポリだった。(94)

二〇一四年二月二四日、ロシア軍の装甲車両が黒海艦隊基地を出発し、その後、二手に分かれ、ヤルタ（二五日到着）とクリミア自治共和国の首都シンフェロポリ（二七日到着）へと向かった。移動部隊は黒海艦隊隷下の第八一〇海軍歩兵旅団、第四三一海軍偵察隊とみられている。

二七日、クリミア半島に、記章を付けず、覆面をし、迷彩柄の戦闘服に身を包んだ完全装備の武装集団、通称「リトル・グリーン・メン」が突如出現した。「地元の自警団」を自称する五〇人規模の「リトル・グリーン・メン」は、シンフェロポリ所在のクリミア自治共和国議会と政府庁舎を次々と占拠してロシア国旗を掲げた。

翌二八日未明、「リトル・グリーン・メン」を乗せたトラック一〇両と装甲兵員輸送車三両が、ウクライナ空軍のベルベク空軍基地に到着し、滑走路を封鎖。民間のシンフェロポリ国際空港と航空管制所も掌握された。放送局などのクリミア半島の重要インフラを制圧したあと、「リトル・グリーン・メン」は、ウクライナ本土と半島を結ぶアーミヤンスクとチョンハルの二か所に検問所を設置。本土と半島をつなぐ通信ネットワークも切断。サイバー攻撃と重要インフラの物理的制圧により、ウクライナ政府の意思決定過程は混乱し、交戦命令を受けていないウクライナ軍も「リトル・グリーン・メン」と交戦することはなかった。

三月一日、プーチン大統領はクリミアのロシア系住民の保護を名目に、ウクライナ領内にロシア軍を展開させることの承認をロシア上院に求め、これが承認された。二日には大量のロシア軍がクリミアに派遣された。ロシア陸軍部隊は北コーカサス軍管区から空輸され、ロシアの軍用車両はアゾフ海のケルチ海峡を通って輸送された。部隊の輸送に際し、ロシア空軍の輸送ヘリコプター（Mi‐8、Mi‐26）や輸送機（Iℓ‐76、An‐72）が活用された。セバストポリ所在のロシア黒海艦隊は地の利を生かし、ウクライナ軍艦艇が作戦地域に展開するのを阻止する役割を果たした。

三月五日までに、クリミアにもともと駐留していたロシア黒海艦隊隷下の第八一〇海軍歩兵旅団が、クリミア入りしてきたロシア軍と合流し、籠城を続けるウクライナ軍部隊の包囲を続け、その後の数週間のうちに、これらを降伏させた。大部分のウクライナ軍兵士は、その後、ロシア軍で契約軍人として勤務することに同意している。

三月六日、ロシアの実効支配が強まるなか、クリミア自治共和国議会はロシアへの編入を求める決議を採択し、ロシアへの編入の是非を問う住民投票を一六日に実施することが決定した。さらに、三月九日までに、クリミアにはロシア本土からK‐300Pバスチョン長距離地対艦ミサイル・システムが運び込まれ、一五日には、S‐300PS長距離防空システムも到着したことで、ウクライナ軍によるクリミア半島の奪還は著しく困難となった。

一六日に行なわれた住民投票では編入支持が九六・六パーセントと圧倒的多数だった結果を受け、翌一七日、クリミア自治共和国議会はウクライナからの「独立」を宣言し、ロシアへの編入を承認した。三月一八日、ロシア、クリミア、セバストポリの三者が調印した条約に基づき、クリミア半島はロシアに併合された。

この日の演説で、プーチン大統領は「セバストポリの神話」を引き合いに出し、クリミア併合の正当性を訴えた。

クリミア半島をロシア帝国に引き留めた勇敢なるロシア人兵士たちの眠る墓は、クリミア、そして輝かしい歴史を持つ伝説の都市、ロシア黒海艦隊が誕生した要塞セバストポリにあります。クリミアといえば、バラクラヴァ、ケルチ、マラコフ・クルガン、そしてサプン・ゴラの高地があります。これらの場所一つひとつは我々の心には愛おしく、ロシア軍の栄光と輝かしい勇気のシンボルです。[95]

クリミア併合作戦で「活躍」したのが、「リトル・グリーン・メン」である。彼らの軍服には国籍や所属を示す記章が縫い付けられておらず、彼ら自身、作戦の最中、自分が何者かを語ろうとしなかった。

二〇一四年三月四日のマスコミ代表者との会見の場で、プーチン大統領は「クリミアには（もともと駐留している部隊以外に）ロシア軍を増派していない」、「クリミアの各地を占拠しているのは地元の自警団だ」などと述べ、自国の関与を否定していた。「あれはロシア軍の兵士ではないのか」と問い詰めた記者に対し、プーチン大統領はこう答えた。「旧ソ連諸国をみてくださいよ。似たような軍服だらけでしょう……店に行けば、どんな軍服だって買えますよ」[96]。

四月一七日、プーチン大統領は、クリミアに展開していた武装集団がロシア軍特殊部隊だったことをあっさりと明かしている。[97]

ウクライナ東部への波及

二〇一四年三月一日、ウクライナ東部ドネツクでは、親露派住民が州行政庁舎を占拠する事件が発生した。その後も親露派勢力と「マイダン」派の衝突が続き、四月六日には、クリミア半島で実施されたのと同様の住民投票を要求する親露派勢力が再び州行政庁舎を占拠し、武装した親露派勢力の一部はドネツクのウクライナ保安庁（SBU）庁舎も占拠した。これ以降、騒乱は急速に拡大し、ドネツクだけでなくルガンスクへと拡大。両州の主要部分を支配した武装勢力は「ドネツク人民共和国」、「ルガンスク人民共和国」を名乗った。

ウクライナ政府はドネツクの状況を武力で鎮圧する意向を示し、占拠された庁舎などは、SBU特殊部隊によって奪還された。これに対し、四月一二日、覆面をした完全装備の武装勢力がドネツク北部に侵入を開始し、同地の警察署およびSBUの施設を急襲し、占拠した。

五月には、ロシアからコサックやチェチェン人義勇兵が流入。六月頃からは、ロシアは親露派勢力に対し、それまでの小火器や携行型地対空ミサイルなどの小型火器に比して、より威力の大きいT-64戦車やグラード多連装ロケットなどの兵器を援助するようになった。

八月になると、ウクライナ東部に戦車、歩兵戦闘車、火砲、ロケット砲、防空システムなどを装備するロシア軍兵士が「義勇兵」として展開しはじめた。またロシアとの国境沿いには、数万人規模のロシア軍が展開し、無言の圧力をかけていた。

二〇一四年八月半ばの時点で、NATO側の見積もりでは約二万人、ウクライナ側の見積もりでは四万五〇〇〇人が配備されていたとみられている。ウクライナ東部紛争は激化し、やがて膠着状態に陥った。(98)

二〇二一年現在にあっても、クリミア半島のウクライナへの返還はおろか、ウクライナ東部紛争も解決しておらず、「力による現状変更」の状態が続いている。

第三節　ハイブリッド戦争としてのウクライナ危機

「ハイブリッド」手法のモデル

米国のウィルソンセンター・ケナン研究所のマシュー・ロヤンスキーとマイケル・コフマンが指摘するように、クリミア併合からウクライナ東部紛争まで、以下二つのフェーズが存在し、まさに「ハイブリッド」な様相を呈していた。

クリミア危機は、曖昧作戦、偽情報、電子戦が織り交ぜられた秘密作戦にはじまり、クリミア半島の制圧・併合、ウクライナ東部紛争に際しては、ロシアの陸・海・空軍の通常戦力も投入された。(99)

本章第二節でみたように、軍事的手法以外にも、ロシアはさまざまな手法でウクライナ介入作戦を

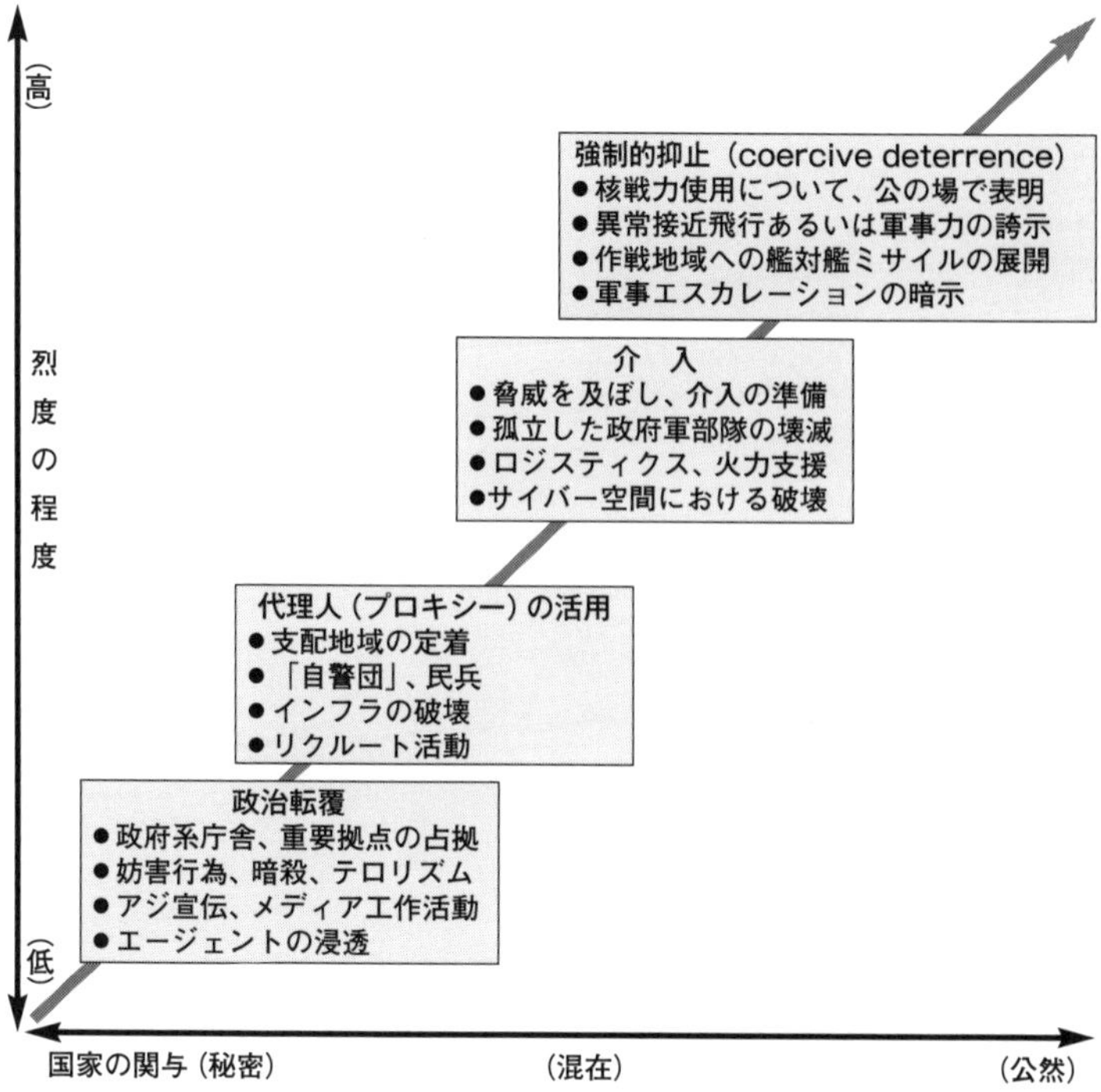

図2 二次元モデル

（出所：Barber, “A Warning from the Crimea: Hybrid Warfare and the Challenge for the ADF”, p.47, Figure 1を基に一部修正のうえ筆者作成）（101）

行なった。北マケドニア共和国軍事アカデミー所属の研究者は、ロシアの「ハイブリッド」な手法を以下のカテゴリーごとに整理している（表3参照）。

これらの「ハイブリッド」な手法は、ウクライナ危機に際し、一挙に採用されたわけではなく、段階的に採用された。米国のポトマック財団のフィリップ・カーバーは、縦軸に戦闘の激しさを指す「烈度」の高低、横軸に「国家の関与」の程度を据えた二次元モデルを提示している（図2参照）。クリミア併合からウクライナ東部紛争まで、カーバーの二次元モデルの「左下」から「右上」に向かってエスカレーションの一途を辿った。同モデルに明示されてはいないが、「経済」の要素は、「左下」の「政治転覆」のなかに組み込むことができるだろう。

具体的に、二〇一四年のウクライナ危機におけるロシアの「ハイブリッド」な手法は何であり、どのように作用したのだろう。以下、カテゴリーごとにまとめてみたい。

経済

［ロシアに依存する産業界］ソ連解体後、ロシアはウクライナの重工業企業、軍需産業、金属メーカー、鉱業部門、電力部門への発注を通して、経済支援をしていた。二〇一三年時点で、ロシアからウクライナ産業界への発注額は年間五〇から一〇〇億ドルにまで及んでいた。ウクライナ産業界の多くの部門がロシアからの受注に、ほぼ完全に依存していた。(100)

［エネルギー］ウクライナ産業界のすべての部門は、ロシアの天然ガスに頼って発電していた。ウクライナは石油・天然ガスの七〇パーセントをロシアから輸入しており、「オレンジ革命」以降、ロシアは、たびたびガス価格の高騰や供給停止を示唆しながら、ウクライナに影響を及ぼしてきたことがあり、「ユーロ・マイダン」のきっかけとなった、ヤヌコビッチ政権のEUとの関係強化の一時中止

経済	●キエフ情勢がエスカレートする以前からウクライナ国民の中央政府に対する忠誠心をそぎ落とす取り組み ●ヤヌコビッチ政権転覆後、ガス供給を梃子にウクライナに対する恐喝
政治	●親露派にとどまる限りにおいて、ロシアのウクライナ支援 ●ウクライナ新政府が親欧的態度を示したのちロシアは第二次世界大戦以前のクリミアの地位および大戦期の出来事をめぐる「歴史戦」を展開 ●旧ソ連共和国におけるロシア語を話す者を保護する権利を主張 ●ウクライナにおけるロシアの利益を保護するため、軍事力を含む、あらゆる手段の使用権限をロシア議会がプーチン大統領に譲渡
軍事（通常）	●クリミア半島制圧 ●ウクライナ国境付近の軍事力の展開。黒海における軍事プレゼンス ●最新鋭の重火器を反政府組織に支援
軍事（通常でない）	●特殊部隊の浸透、親露派分離主義者を支援する「顧問団」、「自警団」
情報（心理戦、電子戦、サイバー戦、メディア、プロパガンダ）	●ロシア国内の世論形成 ●ロシア語、ロシア人に対する「攻撃」を「ナチ犯罪」と結びつける ●インテリジェンス面で親露派分離主義者を支援

表3 ウクライナ危機におけるロシアのさまざまな手法

（出所：Veljovski, Taneski & Dojchinovski,"The Danger of 'Hybrid Warfare' from a Sophisticated Adversary", p.11, Table 3を基に一部修正のうえ筆者作成）

の決定には、ガス供給問題を梃子にしたロシアの経済的圧力があったと考えられている。

政治

「GONGO」語義から考えると、やや矛盾している感も否めないが、NGO（非政府組織）のなかには、政府が運営・資金提供するGONGO（Government Organized NGO）が存在する。ロシア系GONGOのコーポレーション・エージェンシー、ルシコフ・セバストポリ財団、モスクワハウス・オブ・クリミアなどは、クリミア半島の分離主義者に資金援助をしていた。イズボルスキー・クラブ、聖バシル財団は、ウクライナ東部の「ドネツク人民共和国」を積極的に支援した。(102)

情報

「メディア」ロシア国営の「ロシア・トゥデイ」(RT)、「チャンネル・ワン」は、ウクライナ危機の最中、親露的言説をウクライナやロシア国民に絶えず発信。(103) またロシアは、ソーシャル・メディアを偽情報や反西欧感情を拡散させるプラットフォームとして活用した。

「歴史戦」ロシアは、ウクライナ・NATO間、NATO加盟国間の共同歩調を阻害するような「歴史戦」も仕掛けた。たとえば戦間期、ポーランド東部のウクライナ系住民はポーランド人の支配を差別的で抑圧的と捉えていた。この反ポーランド感情は、第二次世界大戦中、OUN(ウクライナ民族主義者組織)のヴォルィーニと東ガリシアにおける虐殺につながり、現地では、一〇万人にのぼるポーランド人が殺害された。二〇一四年のウクライナ危機の最中、ロシアはヤヌコビッチ政権を転覆させた「ユーロ・マイダン」をOUNの指導者ステパン・バンデラにちなんで、「バンデラの再来」、「過激民族主義」、「ナチズム」と形容し、非難を繰り返した。

これに加え、大戦中にナチ・ドイツに協力したリトアニアはホロコーストの一環で多数のポーランド人を殺害した過去を持つが、ロシア側ハッカー集団は、こうした歴史を引き合いに、ロシア系住民、ポーランド系住民の独立のために、リトアニアにも「リトル・グリーン・メン」を歓迎する趣旨の「フェイスブック・グループ」を立ち上げた。サイバー空間上で、ナチ・ドイツからウクライナ、ポーランド、リトアニアを解放したのは、大祖国戦争に勝利したロシアであり、ナチズムに似た過激民族主義者勢力による政変で混乱したクリミア（あるいはウクライナ）に秩序をもたらすのもロシアであるとする「歴史戦」をロシアは展開した。(104)

「サイバー戦」「戦闘行為をともなわないサイバー戦」として、ロシア発が疑われているDDoS攻撃やサイト書き換え攻撃が、ウクライナ政府やメディアのみならず、ポーランド、EU、NATOの関連機関に対して行なわれた。

二〇一四年三月、ロシア軍がクリミア半島入りしたとき、ウクライナ政府のウェブサイトがロシア発のDDoS攻撃により七二時間もダウンし、またウクライナの政治家の携帯電話もハッキングされた。(105) サイバー空間上での「歴史戦」については、すでに述べたとおりである。

「戦争行為の一部としてのサイバー戦」(106)は、ウクライナ東部で発生した。たとえば、ウクライナ政府軍と「ドネツク人民共和国」の間の「デバルツェボの戦い」で、親露派武装勢力は、サイバー空間上で、ウクライナ政府軍の士気の低下を狙い、政府軍の指揮官に関するネガティブな情報――たとえば指揮官が逃走したなど――を戦闘中に拡散した。またウクライナ東部で、親露派武装勢力やロシア軍は、電子戦、さらには無人のドローンなどの最新テクノロジーを駆使した「ハイテク戦」を展開した。(107)

軍事

［武装勢力］ ウクライナにおける親露派武装勢力は、犯罪集団、傭兵、コサック、チェチェン人から構成されていた。彼らのリクルート活動は「フェイスブック」やロシア最大級のSNS「フコンタクテ」を通じて、ウクライナのみならずロシアでも行なわれたとみられている。

ちなみにウクライナにも、ロシアと戦う武装勢力が三〇ほど存在した。そのなかでも「アゾフ大隊」、「ドニエプロ大隊」、「ドンバス大隊」は有名である。「ユーロ・マイダン」の最中、ヤヌコビッチ政権下の警察と対峙していたネオナチ集団「自由」（スヴァボーダ）や極右政党「右派セクター」の行動隊も有名である。

「ドンバス大隊」には、ウクライナ系米国人のマーク・パスラフスキーも参加していた。パスラフスキーはやがてウクライナ東部紛争で戦死するが、彼は米陸軍士官学校の卒業生で、米軍レンジャー部隊での勤務経験もあった。

「ドンバス大隊」のセンメン・センメンチェンコ司令官は、二〇一四年九月、ワシントンDCを訪問し、米国からの援助を得るためのロビー活動を行なったことがある。センメンチェンコは、ウクライナを強力な軍事力で自国を防衛する「第二のイスラエル」にしようと考えていた人物である。

二〇一五年四月、「右派セクター」の創設者で元リーダーのドミトリー・ヤロシはウクライナ軍参謀長の顧問となっている。(108)

ナチズムと思想的に近い武装集団であり、米国側と個人的な関係を有する人物が、ウクライナ側武装勢力の構成員であったことから、ウクライナはすでに述べたようなロシアの仕掛けた「歴史戦」の格好の標的となった。

［準軍事組織］もともとソ連の軍事力は、国防省（ソ連軍）、内務省（警察、国内軍）、KGB（情報機関、国境軍）に集約されていたが、ソ連解体後、この体制は大きく変化した。現在のロシアでは、国防省傘下の軍事組織以外にも、KGBの系統を引き継ぐ「準軍事組織」がある。SVR（対外情報庁）はKGB第一総局、FSB（連邦保安庁）はKGB第二総局が、それぞれの設立母体である。(109)

「インテリジェンス戦争」の性格もあった二〇一四年のウクライナ危機では、GRU（ロシア軍参謀本部情報総局）とともに、FSBやSVRは情報収集活動のほかに、偽情報の拡散、ウクライナ警察や軍人のウクライナ政府からの離反、ウクライナ軍の指揮命令系統の攪乱に加わった。事実、クリミアの地元警察やウクライナ保安庁（SBU）隊員の一部は、ロシア側に恭順している。(110)

［通常戦力（軍事組織）］クリミア併合の初期段階で、セバストポリの黒海艦隊隷下の第八一〇海軍歩兵旅団、第四三一海軍偵察隊が行動を開始し、二〇一四年三月二日には、ロシアの陸・海・空軍がクリミア半島を目指し、作戦を実行した。ウクライナ危機が進行するなか、国境沿いに数万人規模のロシア軍が無言の圧力をかけていたことも無視できない。

三月一六日に住民投票が開かれるまで、ロシア本土からクリミアに導入されたK‐300Pバスチョン長距離地対艦ミサイル、S‐300PS長距離防空システムは、黒海艦隊とともに、ウクライナ軍の半島奪還作戦を困難にするA2／AD（接近阻止・領域拒否）能力を発揮した。

ウクライナ危機における最大のハイライトは、やはり「リトル・グリーン・メン」の「活躍」であるが、彼らは「地元の自警団」などではなく、ロシア軍参謀本部直轄のエリート特殊部隊である特殊作戦軍（SSO）とみられている。SSOは、五〇〇から一〇〇〇人ほどの小規模な部隊とされるが、練度も高く、装備も優良な精鋭部隊であり、クリミア併合作戦でも、全ロシア軍の先鋒として現地に投入されたと伝えられている。(111)

［核戦力］ウクライナ危機の最中、プーチン大統領を含めたロシア政府高官は「核保有国ロシアをみくびるな」というメッセージを、たびたび発していた。

二〇一五年三月、ロシアで放送されたテレビ番組で、プーチン大統領は、クリミア併合過程で、いつでも核を使用できる状況にあったことを明かした。ロシア国家院副議長のウラジーミル・ジリノフスキーにいたっては、NATO加盟国への核使用について触れ、「バルト諸国やポーランドは焦土と化すだろう」と二〇一四年八月に発言している。

またロシアは、ウクライナ危機に際し、核を搭載可能な戦略爆撃機による「爆撃機外交」も展開した。Tu‐95MS（NATOコードネーム：ベアー）、Tu‐160（NATOコードネーム：ブラックジャック）、Ｔｕ‐22Ｍ３（ＮＡＴＯコードネーム：バックファイアＣ）などの戦略爆撃機がＮＡＴＯ周辺地域に相次いで飛来した。(112)

本章で詳しくみてきたように、二〇一四年のウクライナ危機でロシアが披露した作戦は、まさにハイブリッドな作戦であった。その後、米欧の安全保障専門家の間では、ウクライナで披露されたロシアのハイブリッド戦争への関心が急速に高まった。

それもそのはずである。たとえば、ロシア周辺のバルト三国やポーランドに、クリミア型のハイブリッド戦争、正体不明の「リトル・グリーン・メン」が現地に出現し、領土一体性を侵害する行動をとった場合、果たしてＮＡＴＯの集団的自衛権は発動されるのかどうか、発動された場合、誰に対して発動されるのかといったことが、大きな課題となったからである。

こうしたことから、序章第二節で確認したように、ウクライナ危機を題材にしたハイブリッド戦争研究が進むわけだが、二〇一四年以降、中東欧各地では「リトル・グリーン・メン」すら出現しない、「グレーゾーン」というよりは、より「平時」におけるロシア発のハイブリッド戦争が発生することになる。

次章で、詳しくみていこう。

第3章　中東欧のハイブリッド戦争（二〇一六～二〇年）

第一節　モンテネグロにおけるハイブリッド戦争

アドリア海の小国モンテネグロ

バルカン半島には、モンテネグロという人口六二万人、面積は日本の福島県ほどの小国がある。首都ポドゴリツァには旧ユーゴの社会主義時代の名残もあり、「景観が決して美しくない」という不名誉な評判がつきまとうこともしばしばある。けれども、アドリア海に面した街のなかには「アドリア海の秘宝」とも呼ばれる風光明媚なリゾート地もある。

二〇一八年七月一八日、CNNのレポーターがモンテネグロのリゾート地を訪問し、モンテネグロ国民に「あなたは好戦的ですか」、「あなたは第三次世界大戦に従軍しますか」と質問を投げかけたことがある。
喫茶店のウェイターと思われる男性は、前者の質問に対し、笑みを浮かべながらこう答えた。「好戦的かって。とんでもない。わたしが好戦的に見えますか」。後者の質問については、サングラスを頭にのせた若い女性が、これもまた笑顔で、こう話す。「コーヒーを飲みにいくわ」[113]。

ＣＮＮの報道は、前日のトランプ大統領のＦＯＸニュースによるインタビュー番組を受けてのものだ。二〇一八年七月一七日、インタビュー番組のなかで、ＮＡＴＯ（北大西洋条約機構）新規加盟国の小国モンテネグロを守るために、なぜ米国人の血が流れる必要があるのかという質問に対し、トランプ大統領はこう答えた。「わかります。わたしも同じ質問をしたことがあります。……モンテネグロは小さい国ですが、とても強い人がいます。非常に好戦的で彼らは好戦的になるかもしれません。そうしたら、おめでとう。第三次世界大戦です」[114]。

トランプ大統領とモンテネグロといえば、有名なエピソードがほかにもある。二〇一七年五月下旬のＮＡＴＯ首脳会談で、記念撮影へと向かうトランプ大統領が、一人の首脳を脇へ押しやる映像が話題となった。その人物とは、その年、ＮＡＴＯに正式加盟するため招待されていたモンテネグロのドゥシュコ・マルコビッチ元首相だった[115]。

モンテネグロは、二〇一七年六月、ＮＡＴＯに二九番目の加盟国として仲間入りをした。
数年前のクリミア併合とウクライナ危機に関与したロシアは、これまで冷戦後のＮＡＴＯ東方拡大に激しく抵抗していた。バルカン半島へＮＡＴＯが拡大してくることを、ロシアが心地よく思うはずがない。モンテネグロのＮＡＴＯ加盟を阻止すべく、ロシアは外交交渉ではなく、ハイブリッド戦争を仕掛けた。それも数年前のクリミア併合とは異なる形での作戦を行なった。

いったい何が起きたのか？

これを知るためには、まずモンテネグロの歴史を振り返る必要がある。

モンテネグロのＮＡＴＯ加盟

主権国家としてのモンテネグロの歴史は複雑である。

ユーゴスラビア紛争によるユーゴスラビア社会主義連邦共和国解体により、かつて首都をベオグラードとし、セルビア人が主導的地位にあったユーゴスラビア連邦共和国（一九九二年～二〇〇三年）、セルビア・モンテネグロ（二〇〇三年～二〇〇六年）がそれぞれ成立した。モンテネグロは、こうした連邦国家、国家連合を構成する一共和国の地位にとどまっていた。

やがて、セルビアからの分離独立の声が高まり、国民投票を経て、二〇〇六年六月三日、「モンテネグロ共和国」として独立した。六月五日、セルビアがモンテネグロの独立を追認し、六月一二日にはＥＵ（欧州連合）がモンテネグロを国家承認した。

モンテネグロ外務・欧州統合大臣を務めたゴルダナ・ジュロビッチＮＡＴＯ大使によれば、独立当初からモンテネグロは、ユーゴ紛争を経験した西バルカンの安定化と安全を保障させるための親米欧政策を掲げた。すでに一九九四年以降、NATOはロシアを含めた旧ソ連諸国、中東欧諸国に対し、協調的安全保障の観点から、「平和のためのパートナーシップ」（PfP）を推進しており、二〇〇六年一一月、モンテネグロもNATOのPfPに加盟している。

二〇〇七年六月、モンテネグロ政府はブリュッセルのNATO本部に常設代表部を設置し、同年一〇月にはEU、NATOへの加盟が自国の戦略的目標であると記載するモンテネグロ憲法を制定した。二〇〇八年には、モンテネグロは関連国内法の整備をしつつ、NATOとの間で各種協定を締結し[116]、二〇一五年にNATOから加盟交渉開始の招請を正式に受け[117]、いよいよモンテネグロのNATO加盟が現実味を帯びてきた。

帝国主義の時代に「不凍港」を求め、「汎スラブ主義」を掲げて「南下政策」を推進してきたロシアにとってみれば、バルカン半島は歴史的にロシアの権益が及ぶ地域であり、冷戦後、東方拡大を進めるNATOがバルカン半島にまで迫れば、ロシア周辺の安全保障環境に大きな変化が生まれる。モンテネグロのNATO加盟は、さらなるNATO東方拡大を阻止したいロシアにとっては無視できないものだった。

モンテネグロとしても、NATO加盟方針で一枚岩だったわけではなかった。ソフィア大学（ブルガリア）のディミタール・ベチェフによれば、当時のモンテネグロ国内には、政治・社会的亀裂が存在していた。社会主義連邦共和国時代末期から一貫して政権与党の地位にあるモンテネグロ社会主義者民主党（DPS）に対抗する、新セルビア人民主主義とモンテネグロ人民民主主義党は、野党連合、民主戦線（DF）を結成した。DFはモンテネグロのNATO加盟に反対し、このことから、DFはロシアに感じるシンパシーが強い。またDFは政権与党DPS所属政治家の汚職を批判し続けてきた。二〇一二年の議会選挙では、こうした批判を受け、与党DPSは、八一議席のうち七議席を野党連合DFに奪われた。[118]

それから二年後、ウクライナがロシアのハイブリッド戦争を受け、混乱していく様子を、バルカン半島の小国モンテネグロはつぶさに見ていた。このことから与党DPSは、NATOへの早期加盟の必要性を痛感するようになった。

議会選挙（二〇一六年）

当時、モンテネグロ首相（DPS所属）のミロ・ジュカノビッチは、対内的には反汚職、反政府の声の高まりを浴びながら、対外的には、二〇一四年のウクライナ危機を受け、モンテネグロのNATO加盟を早期に実現したい思いに駆られていた。この意味で、二〇一六年一〇月の議会選挙はモンテネグロのNATO加盟の是非を問う国民投票の性格を帯びていた。

ロシアがモンテネグロNATO加盟を快く思うはずがない。

ロシアの国家院（下院に相当）代議員たちはモンテネグロの首都ポドゴリツァを相次いで訪問し、DFとの連帯を表明した。二〇一六年五月、DFの指導者の一人ミラン・クジェネヴィッチは、ロシアのセルゲイ・ゼレスニャック国家院副議長とともに「バルカンの軍事的中立」を要請する文書に署名しており、翌月には、DFのもう一人の指導者アンドリヤ・マンディッチとクジェネヴィッチは、バルカン諸国の親露派政党の代表者たちと同趣旨の文書に共同署名し、ロシア連邦院（上院に相当）に提出している。

二〇一六年一〇月一六日の議会選挙を控えたモンテネグロでは、NATO加盟を目指すDPSとロシアの支持を得たDF、二つの勢力の対立構図が出来上がっていた。

議会選挙前日の一五日、首都ポドゴリツァで議会選挙中、モンテネグロ議会占拠後、ジュカノビッチ首相を暗殺し、モンテネグロに反NATO、親露派政権を樹立させるクーデタ計画に関与した一四人がモンテネグロ当局により逮捕された。首相官邸付近で、地元警察が機関銃、狙撃用ライフル、携行式ロケット砲を押収した。

クーデタ計画にクジェネヴィッチとマンディッチが加担していたほか、二人のロシア人GRU（ロシア軍参謀本部情報総局）工作員エドワルド・シシュマコフとウラジミール・ポポフから二〇万ユーロ相当の資金援助を受けた、九人のセルビア人と一人のモンテネグロ人運転手も関与していた。セルビア人のなかには、過激民族主義団体構成員が二人いたほか、セルビア警察の元幹部も一人いた。[119] モンテネグロ検察によれば、シシュマコフは、以前、GRU工作員であることが判明して、ポーランドから国外追放された男だった。(120)

二〇一九年五月、モンテネグロ最高裁判所はこの一四人が、二〇一六年のクーデタ計画に関与していたとし、全員に有罪判決を下した。(121)

無論、ロシアは関与を否定している。

クーデタ計画が未遂に終わった翌日、モンテネグロで議会選挙が実施されたが、モンテネグロ情報通信大臣によれば、当日、国内主要メディア（Café del Montenegro、Radio "Antena M"）や与党DPSウェブサイトがサイバー攻撃を受けた。NGO「民主化移行センター」のウェブサイトは、一〇月一三日から断続的にDDoS攻撃を受けた。(122)

結局、選挙では与党DPSが勝利し、二〇一七年六月、モンテネグロはNATOに加盟した。この間もモンテネグロはサイバー攻撃を受け続けた。二〇一七年一月、モンテネグロ国防省にNATO発のメールと思われる偽装メールが複数回送りつけられた。(123)

サイバーセキュリティーの主要三社（Fire Eye、Trend Micro、ESET）は、偽装メール（いわゆる「ルアー」）の発信源は、西側諸国がGRUとの結びつきを疑っているロシア国内のサイバー攻撃組織APT28と分析した。議会選挙前後のサイバー攻撃もロシア発のものとみられている。(124)

さらなるNATO東方拡大を阻止したいロシアは、新規加盟候補国モンテネグロに、GRU工作員をはじめとする非国家主体やサイバー攻撃などの手段を駆使し、NATO加盟プロセスを遅らせようと試みたが、これは失敗に終わった。

二〇一七年八月二日、米国のマイク・ペンス副大統領は、アドリア海憲章首脳会議に出席するため、首都ポドゴリツァを訪問した。アドリア海憲章とは、二〇〇二年一一月のNATOプラハ首脳会議で、米国とアドリア海の周辺国アルバニア、クロアチア、マケドニアの首脳が、バルカン諸国の将来的なNATO加盟を謳ったイニシアティブを基に、二〇〇三年五月に調印されたものである。二〇〇八年には、ボスニア・ヘルツェゴビナとモンテネグロがアドリア海憲章に正式加盟した。[125] ポドゴリツァのアドリア海憲章首脳会議には、同憲章に加盟するアルバニア、クロアチア、マケドニア、ボスニア・ヘルツェゴビナ、モンテネグロとオブザーバーのセルビアとコソボの首脳も参加した。

ペンス副大統領は次のように演説した。「ロシアは、力によって国境を書き換えようとしています。……そして、ここ西バルカンで、ロシアは地域を不安定化させ、あなた方の民主主義を弱体化させ、あなた方の分断を画策しているのです。……西バルカンと西側世界、そして自由の未来は明るい、かつてないほどに明るいです。我々は、同盟国として、そして友人として、ともにそうした未来に向かっていきましょう」[126]。

セルビア発のハイブリッド戦争（二〇二〇年）？

米軍の準機関紙『星条旗新聞』（二〇一九年一一月八日付）は、ロシア発のハイブリッド戦争に対抗するため、NATOのカウンター・ハイブリッド・サポートチーム（CHST）が、モンテネグロに派遣される予定だと報じた。(127)

二〇二〇年一月、ブリュッセルで開催されたNATO軍事委員会で、軍事委員長のスチュアート・ピーチ英空軍大将は、すでにCHSTが昨年一一月にモンテネグロに派遣されたと報告した。モンテネグロ国防省代表によれば、CHST派遣の目的は、二〇二〇年にモンテネグロで予定されている議会選挙（四年に一度）に際し、外国からのハイブリッド脅威に備えるためだった。マーク・ミリー米統合参謀本部議長は「ロシアがNATOの分断と弱体化を試みているのは明らかであり、……NATOが解体するとすれば、ヨーロッパや米国にとって有害である」とロシアの脅威を強調した。(128)

モンテネグロに派遣されたCHSTの人員の詳細は明らかではないが、二〇一八年にNATO内の組織として発足したCHSTの目的に照らして考えれば、戦略的コミュニケーション、カウンター・インテリジェンス、重要インフラ保護を専門とする文民が複数名だと考えられる（第5章参照）。

二〇一九年一二月二七日、モンテネグロ政府は、国内各州がセルビア正教会の財産を制限・押収することを可能にする法案を通過させた。もともとセルビアと一つの国だったモンテネグロ国内には、セルビア正教会のネットワークが多く存在する。このセルビア正教会のネットワークは、セルビア民族主義団体とのつながりや、セルビアの情報機関とのつながりが疑われている。

モンテネグロ政府としては、表立って言えるはずもないが、二〇一九年末の法案の目的は、国内にあるセルビア正教会が、セルビアやロシアからの影響力工作の前線基地として活用されることを阻止したい狙いがあったものと考えられる。

これにモンテネグロ国内のセルビア系住民やセルビア政府が猛反発した。早速、大規模なデモが発生した。二〇二〇年一月二日には、セルビアの首都ベオグラードのモンテネグロ大使館前でフーリガンによるデモが発生した。当日は、ベオグラードでセルビアの「レッド・スター」対ドイツの「バイエルン・ミュンヘン」のバスケットボールの試合があり、試合の観客のなかには、レッド・スターのサポーター「Delije」(タフな若者の意味)が多数参加していた。「Delije」はセルビア政府や情報機関とのつながりが疑われている組織である。

モンテネグロのマルコビッチ首相は、ツイッター上で、セルビア国民による「非文明的な行動」と大使館を保護しなかったセルビア警察を非難した。翌三日、モンテネグロ政府はセルビア大使を召喚し、抗議を表明した。[129] 一二日には、モンテネグロの首都ポドゴリツァで一万人規模の反政府デモが発生した。

こうしたなか、中国湖北省武漢市発祥の新型コロナウイルスがモンテネグロにも迫った。三月一三日、モンテネグロ政府は、港湾封鎖、集会禁止、国境管理などの外出禁止令を発令し、新型コロナウイルスの感染阻止に取りかかった。五月一二日、集会禁止を遵守しなかったとして、モンテネグロ国内のセルビア正教会の司祭八人が、当局に拘束された。モンテネグロ検察は、最大一二年の禁固刑となる見通しを発表した。(130)

結局、五月一六日に八人の司祭は釈放されたが、モンテネグロ当局に反対するデモが六月下旬まで続いた。モンテネグロ政府は、デモが組織的なものであることから、セルビア政府やロシア政府の関与の疑いを強めた。

八月三〇日、議会選挙（四年に一度）が行なわれた。結果、与党DPSは、二〇一六年の選挙で獲得した三六議席から三〇議席に減らし、民主戦線（DF）、民主的モンテネグロ（DCG）、統一改革行動連合（URA）はそれぞれ二七、一〇、四議席を獲得。DF、DCG、URAが連立を組み、与党DPSは野党に転じることとなった。

新連立政権は、親欧米路線を打ち出しているものの、(131) 政党の支持母体がセルビア系ということもあり、米欧の安全保障専門家のなかには、NATO加盟国モンテネグロに対するセルビアやロシアの影響力が増大することを警戒する者もいる。

NATOのCHSTは、四年前のようなハイブリッド戦争について報告しておらず、セルビア側も否定している。だが選挙後も、DPS党首のジュカノビッチは、議会選挙に対する干渉があったとセルビアを非難している。(132)

一一月二八日、モンテネグロ政府はセルビア大使を召喚し、「好ましからざる人物」（ペルソナ・ノン・グラータ）を言い渡した。同様にセルビアもモンテネグロ大使を国外追放に処した。[133] モンテネグロ・セルビア間の大使追放合戦で、二〇二〇年は幕を閉じた。

第二節　北マケドニアにおけるハイブリッド戦争

NATO・CHSTの二番目の派遣先？

「カウンター・ハイブリッド・サポートチーム（CHST）は、北マケドニアにも派遣可能であり、我々はスコピエからの要請待ちです」。ケイ・ベイリー・ハッチソン米NATO大使は、二〇二〇年三月一四日、オンライン記者会見でこう述べた。

ハッチソン大使は、北マケドニアで中露発の新型コロナウイルス関連のフェイクニュースが蔓延しているとし、こうしたフェイクニュースにより、新型コロナウイルス対応に追われる西側社会に対する不満感が煽られていると指摘した。[134]

二〇二〇年上半期、中露は新型コロナウイルス関連の偽情報キャンペーンを展開していた。中国が「権威主義的な『中国モデル』が、西側民主主義よりもウイルスとの闘いで優れている」、「新型コロナウイルスは武漢発祥ではない」とする宣伝に余念がなかったことはよく知られている。

ロシアも同様である。『NATOファクトシート』（二〇二〇年四月）によると、ロシアは、①コロナによりNATOは崩壊する、②コロナと戦う同盟国の支援にNATOは失敗している、③コロナはNATOが作り上げた兵器、④NATOの共同軍事演習によりコロナが拡散している、⑤コロナは医療費を犠牲にし、軍事費を増大している、といった偽情報をオンライン上で拡散している。(135)

モンテネグロと同様、北マケドニアもバルカン半島に位置し、旧ユーゴの共和国である。面積は九州の三分の二ほどで、人口二〇八万人の国である。なぜ北マケドニアにもCHSTの派遣をめぐる議論があるのだろうか。

その理由は、北マケドニアも、以前、ロシア発のハイブリッド戦争に見舞われたことがあるからである。

二〇一九年一〇月初旬、ポンペイオ国務長官は、二九番目のNATO加盟国であるモンテネグロと三〇番目の加盟国となる予定の北マケドニアを訪問し、ロシアや中国の影響力が増大する両国が、米国と同盟国になることの重要性を訴えている。(136)

ところで、なぜ国の名前に方角が入っているのだろう。なぜ「北」なのか。

それは、アレクサンドロス大王で知られる古代マケドニア王国は、現在のマケドニアよりも、もっと南、すなわち現在のギリシア国内の地域に位置していたからである。ギリシアにしてみれば、ユーゴ解体後の新興国家が国名にギリシア語の名前「マケドニア」を使用することは、マケドニア人としてのアイデンティティが強化され、将来的には「ギリシア国内のマケドニア」の領土割譲を要求してくるかもしれないと四半世紀にわたり懸念していた。(137)

二〇一七年六月、GRU工作員をはじめ非国家主体やサイバー攻撃などによる工作活動を受けたモンテネグロを新規加盟国として迎えたNATOは、マケドニア加盟問題も抱えていた。

ここで、モンテネグロと同様に、旧ユーゴの共和国だったマケドニアの主権国家としての歴史を振り返ってみたい。

先送りされたマケドニアのNATO加盟

ユーゴ解体後、一九九一年にマケドニアは独立したが、隣国ギリシアとマケドニアの国名問題を抱えていたことから、暫定名称として「マケドニア旧ユーゴスラビア共和国」(FYROM)を用いることで、独立国の地位を獲得した経緯がある。

ここで、ギリシア・マケドニア間の国名問題を確認しておこう。「マケドニア」は本来ギリシア固有の地名との立場から、ギリシアは旧ユーゴの新たな共和国がこの名称を国名に用いることを長らく快く思っていなかった。

FYROMの暫定名称が採用されたことは、両国間で妥協が図られた結果であった。マケドニアは、いずれは「北マケドニア共和国」と国名を変更することを目指していたが、これにギリシアが反対し続けてきた。

独立後、マケドニアはNATO加盟を外交の方針として掲げてきた。ゴツェ・デルチェフ大学（マケドニア）のストラスコ・ストヤノフスキとデヤン・マロロフによれば、その理由として、NATOに加盟することで、国際的地位を獲得したいとする政治的理由、自国の安全が保障されるという安全保障上の理由、これらが達成されれば外国からの積極的な投資が期待できるという経済的理由があった。

一九九三年にはマケドニア議会が将来的なNATO加盟方針を決定し、一九九五年にマケドニアはPfP加盟国となった。(138)

二〇〇四年三月、中東欧七か国を加盟させ、冷戦後の第二次東方拡大を行なったNATOは、同年五月のイスタンブール首脳会談で、その門戸は引き続き開かれていることを確認し、西バルカンのアルバニア、クロアチア、マケドニア加盟に向けての国内改革努力の継続を促した。アルバニア、クロアチア、マケドニアは、本章第一節で紹介したアドリア海憲章の加盟国である。

二〇〇八年四月のNATOブカレスト首脳会談が近づいていた頃、ブッシュ政権のコンドリーザ・ライス国務長官は、マケドニアのNATO加盟問題について、ギリシアのドラ・バコニヤス外相と会談を持ったことがある。

このとき、バコニヤス外相は、マケドニア国名問題を取り上げ、このような問題をマケドニア政府が持ち出す限り、ギリシアとしては、マケドニアのNATO加盟を認めるわけにはいかないとした。「そんな二〇〇〇年前のこと! いったい誰が気にするというんです?」。反問するライスに対し、「あなたがた米国人には理解できない国民感情があるのです」とバコニヤス外相は反論し、方針を変えるとギリシア政府が転覆するといって意見を変えなかったというエピソードがある。(139)

結局、NATOブカレスト首脳会議では、既定方針どおり、クロアチアとアルバニアについての正式な加盟招請が行なわれ、マケドニアについては、国名問題がギリシアとの間で解決されれば加盟招請が行なわれることが確認された。

二〇〇九年四月のNATO首脳会談で、新たにアルバニアとクロアチアがNATOに加盟したものの、ギリシアが反対したため、マケドニアのNATO加盟は先送りとなった。(140)

ギリシアのポピュリズム政権

二〇〇九年一〇月に発生したギリシア債務危機と、その後のアレクシス・チプラス政権発足によって、マケドニアのNATO加盟が進展する見込みはさらに遠のいた。

ギリシア債務危機はヨーロッパ規模の債務危機を誘発し、金融政策は統一されているものの財政政策が不統一であるというEUの経済ガバナンスの問題点が浮き彫りになり、EU懐疑派のポピュリズムの躍進につながった。

ギリシア国内では、二〇一〇年以降、ＥＵやＩＭＦ（国際通貨基金）の介入により、緊縮財政改革が進められたが、二〇一五年一月、緊縮政策への不満を背景に反緊縮を掲げるチプラス政権が発足した。同政権は、急進左派連合（ＳＹＲＩＺＡ）と右派の独立ギリシア人（ＡＮＥＬ）といったＥＵ懐疑派の左右ポピュリズム政党による連立政権であった。

チプラス新政権の外交方針といえば、これまでの前政権と同様、ほかのＥＵ諸国とは一線を画す対露政策の継続が見込まれた。

二〇一四年のウクライナ危機に際し、ギリシアはＥＵの対露経済制裁に反対しており、同年五月、野党党首時代にチプラスは、モスクワを訪問し、「ウクライナ政府がネオナチ勢力をかくまっている」というロシアの言説に寄り添う発言をしたことがある。これ以外にも、ギリシアは一九九〇年代のユーゴスラビア紛争での対セルビア経済制裁に反対し、セルビアから分離独立したコソボの独立（二〇〇八年）を承認していない。

こうした経緯から、ギリシアの親露的性格は、チプラス新政権でも変わることは見込まれず、長年の懸案事項であるマケドニアとの国名変更論争解決の見込みも少なかった。ＥＵ懐疑派という性格から、チプラス新政権がマケドニアのＮＡＴＯ、ＥＵ加盟を阻止し続けるというのが当面の観測だった。(141)

国名変更論争

二〇一八年三月、イギリス南部ソールズベリーでロシアの元スパイ、セルゲイ・スクリパルが、娘ユリアとともに、神経剤「ノビチョク」を使用した襲撃事件に見舞われた。英政府は、逮捕した二人のロシア人容疑者がGRUの工作員だと結論づけ、NATO、EU加盟国に対し、対露制裁を課すよう呼びかけた。(142)

三月二六日、西側諸国は自国領内のロシア人外交官の国外追放を発表し、二四か国で一一〇人を超えるロシア人外交官が追放された。一方で、長らくNATO加盟を望んできたマケドニアも、マケドニアに駐在するロシア人外交官一人を追放し、NATOと足並みを揃えたが、他方、ロシアとの関係が密接なギリシアは、西側諸国によるロシア人外交官追放措置に同調しなかった。(143)

だが、ギリシアのマケドニアとロシアに対する政策は突如として変更する。

二〇一八年六月一七日、ギリシア政府は、マケドニア政府と同国の正式名称をFYROMから「北マケドニア共和国」に変更を了承するプレスパ合意に達した。

七月六日、ギリシア政府は、プレスパ合意に反対する国内のギリシア政府関係者に賄賂を贈り、マケドニア国名変更論争に干渉したとして、ギリシア駐在のロシア人外交官二人とその他のロシア人二人の国外追放をロシア側に通達した。

三月のロシア人元スパイ神経剤襲撃事件の際のNATO加盟国のロシア人外交官追放措置に同調し

なかっただけに、七月のギリシア政府の決定は異例の措置だった。

元来、ギリシアの新連立政権は国名変更論争をめぐり、マケドニアとの合意賛成派に傾き始めていたチプラス率いるSYRIZAと、合意反対派で連立パートナーである右派ポピュリズム政党のANELの二つの陣営に割れており、後者の主張に沿うような報道をロシアの主要メディアが繰り返し流していた経緯もある。

ギリシアが隣国の正式名称として「北マケドニア共和国」を認めた背景には、ギリシア国内政治へのロシアの干渉への嫌悪感があったと考えられる。国名変更論争がギリシアの譲歩という形で解決したことは、マケドニアにとって、NATO加盟交渉の本格化が期待されるものであった。

マケドニアのゾラン・ザエフ首相は、二〇一八年七月のNATOブリュッセル首脳会談で、NATO加盟後に対外直接投資額が三倍に増加したブルガリアの例を引き合いに出し、NATOに加盟した暁には、小国マケドニアの経済を発展させたい旨を述べ、「すべての国々と友好関係を構築したい」マケドニアにとって、NATO加盟が「唯一の道」であると強調した(144)。

二〇一八年九月三〇日、自国名を「北マケドニア共和国」に変更する是非を問う国民投票がマケドニアで行なわれた。国民投票の際、「スラブ人国家としてのマケドニア」を強調する復古的ナショナリズムを掲げる内部マケドニア革命組織・民族統一民主党連合(VMRO・DPMNE)やプーチン大統領の所属政党、統一ロシアを擬して結成された統一マケドニアなどの野党は、国名変更は西側の陰謀であり、「西側諸国はマケドニアを世界地図から消し去ろうとしている」と主張し、マケドニア国民に対し投票ボイコットを訴えていた。

即日開票の結果、賛成は約九割に上ったが、投票率は投票成立要件の五〇パーセントに届かず（三六・八六パーセント）、国名変更は達成されなかった。

投票日を月末に控えた九月中、やはり国名変更論争へのロシアの干渉が疑われた。一四日、ワシントンDCのヘリテージ財団を訪問したイェンス・ストルテンベルグNATO事務総長は、国名変更論争を決着させたマケドニアがNATOに加盟することを阻止するため、ロシアがSNSを通じた偽情報キャンペーンをしていると訴えた。

一七日、マケドニアの首都スコピエを訪問した米国のマティス国防長官も、国名変更反対派のマケドニア人にロシアから資金が流れていることは「疑いの余地はない」とした。ロシアの国民投票への干渉については、のちにマケドニア情報機関（UBK）ゴラン・ニコロフスキ長官は、ロシア側の大規模かつ組織的な偽情報キャンペーンがあったと断定している。[145]

国民投票結果は法的拘束力をもたないことから、ザエフ首相は、国名変更のために必要な憲法改正の手続きを行ない、二〇一九年一月には、ギリシア議会でもマケドニア政府との国名変更合意が承認され、約四半世紀に及ぶマケドニア国名変更論争は収束した。同年二月六日、マケドニアはNATO加盟議定書に署名した。[146]

二〇二〇年三月二七日、NATOは、北マケドニア共和国の正式加盟を発表した。ストルテンベルグNATO事務総長は「どんな困難に直面しようとも、我々はみな、ともに強くなり、安全になる」と歓迎した。(147)

「バルカンの軍事的中立」を目指したロシア

結果的に、モンテネグロに続いて、北マケドニア共和国のNATO加盟を阻止できなかったロシアであるが、のちにリークされたマケドニア情報機関(UBK)の文書から、実際にロシアが、バルカン半島の国々のNATO加盟を阻止するための工作活動を行なっていたことが明らかになった。

英国の『ガーディアン』紙(二〇一七年六月四日付)は、リークされたUBKの文書を掲載した。そこには、二〇〇八年以降のロシアによる工作活動の報告が書かれていた。二〇〇八年といえば、NATOブカレスト首脳会議で、バルカン半島のクロアチアとアルバニアに正式な加盟招請が行なわれた年である。

文書によると、マケドニアのロシア大使館の指令の下で、GRUやSVR(対外情報庁)の工作員が首都スコピエで活動しており、たとえばマケドニアのメディアに資金提供し、偽情報拡散を企図したほか、マケドニアの政治家に対し、モンテネグロ、ボスニア・ヘルツェゴビナ、セルビアとともに、「バルカンの軍事的中立」を創り上げるよう話を持ちかけていたという。(148)

オープンソース・インテリジェンス（OSINT）のプロ集団ベリングキャットによれば、ギリシア系ロシア人の実業家「イワン・S」の関与があった。「イワン・S」はプーチン大統領の所属政党である統一ロシアの党員で、国家院副議長を歴任した人物である。

「イワン・S」は、プレスパ合意に反対するよう、マケドニアの極右民族主義団体やサッカーフーリガンのみならず、ギリシアの聖職者や政府高官に賄賂を贈っていた疑いがもたれている。

二〇一八年六月にスコピエで発生したプレスパ合意に反対する暴力的なデモに際し、「イワン・S」は少なくとも三〇万ユーロを同年九月の国民投票にあわせ、プレスパ合意に反対する世論形成の一環として、ソーシャル・メディアキャンペーンに出資していた。

実際、六月のデモには、サッカーチーム「バルダル」のフーリガンが多数参加していた。「バルダル」のオーナーはロシア人の富豪「セルゲイ・S」である。「セルゲイ・S」はマケドニアのビトラ市のロシア名誉領事でもある。

さらにベリングキャットは、『ガーディアン』紙が公表したマケドニア情報機関（UBK）のリーク文書の詳細な分析も発表した。分析によれば、ロシアはソフト・パワーを用いて、バルカン諸国におけるロシアの戦略の一環として、マケドニアを西側から孤立させる目標が記載されており、その方法として次のようなものがあったという。

●ロシアは、バルカン諸国とのパートナーシップを通じて、エネルギー資源を戦略的にコントロールしようとしている。たとえばロシア企業ストロイトランスガスは、ロシアのエネルギーの影響圏にマケドニアを取り込むため、同国で二〇一五年にパイプラインの建設をはじめた。
●ロシアのインテリジェンス活動は、セルビアの首都ベオグラードの監督のもとでスコピエのロシア大使館を拠点とするSVRの三人の工作員が、そして四人のGRU工作員が、ブルガリアの首都ソフィアからの指令と協働して行なわれている。さらにクレムリンはロシアのタス通信とRossotrudnichestvo――ロシア国外のロシア系住民への「同胞政策」を遂行する政府機関――の地元クルー、さらに「インテリジェンス拠点」として機能する名誉領事館をビトラ市とオフリド市に設置した。
●マケドニアの軍や警察のメンバーをリクルートし、マケドニアにおける社会運動が発生した際、こうした軍事訓練を受けた人員を動員しようとしていた。
●マケドニアのメディア媒体への影響力行使と資金援助が、ロシアの目標を支持する「情報と偽情報」を拡散させるため、企図された。(149)

マケドニア情報機関(UBK)のリーク文書の内容は、本章で確認してきたNATO加盟の反対派だったモンテネグロの野党DF、マケドニアのVMRO‐DPMNEや統一マケドニア、さらにはビトラ市名誉領事「セルゲイ・S」の存在などを思い出せば真実味を帯びているといえる。マケドニアにおいて、ロシア大使館を拠点とした工作活動があったことは、疑いようがない。無論、ロシアは関与を否定している。

第三節　ウクライナ西部におけるハイブリッド戦争

ウクライナとハンガリーの関係悪化

バルカン半島方面のNATO東方拡大を阻止できなかったロシアであるが、何といってもウクライナのNATO加盟問題が、ロシアにとっての最大の問題である。というのも、隣国ウクライナがNATOに加盟すれば、それはすぐさまロシア周辺の安全保障環境の激変を意味するからである。第2章で紹介した国際政治学者ミアシャイマーがいうように、西側のウクライナへの拡大を阻止するため、ロシアはクリミア併合に踏み切った。

二〇一四年のウクライナ危機を受け、二〇一五年四月、ウクライナ政府は『五か年安全保障要領』を公表し、自国の主権と領土一体性を確実にするには、NATO加盟こそが唯一の外的保障であるとした。(150)

ロシアとしては、クリミア半島を併合したとはいえ、ウクライナの加盟を前提としたNATO接近は、阻止すべきことだった。

そんななか、ウクライナ西部のとある州をめぐって、ウクライナとNATO加盟国であるハンガリーの関係が急速に悪化する事態が発生した。

その舞台は、ウクライナのザカルパッチャ州だった。現在、ハンガリー国境に接するウクライナ西部のザカルパッチャ州は複雑な歴史を持つ。

「ザカルパッチャ」が、ロシア語で「カルパチア山脈の向こう側」を意味するように、ウクライナ西部の端には、南北にカルパチア山脈が走っている。ウクライナやロシア側から見れば、カルパチア山脈の向こう側には、ハンガリー大平原が広がっている。こうした地理的背景もあり、現在はウクライナに属するザカルパッチャは、過去九〇〇年にわたり、ハンガリー王国の版図に組み込まれていた。

その後、第一次世界大戦後のオーストリア＝ハンガリー帝国の解体により、ザカルパッチャは、独立したチェコスロバキアの領域に組み込まれた。やがて第二次世界大戦が発生し、独ソ戦終了後の六月二九日、ソ連はチェコスロバキアとの条約により、ザカルパッチャ州を獲得し、翌年一月二二日、当地をソ連の連邦構成共和国であったウクライナに編入した。

こうした経緯があったことから、現在、ザカルパッチャ州には一〇万人以上のハンガリー系住民が暮らしている。

ウクライナの新しい教育法採択

二〇一七年九月五日、ウクライナ議会は新しい教育法を採択し、中等教育以降の教育現場で使用する言語はウクライナ語に統一することを決定した。

二〇一四年以降、ロシアが実質的に関与するウクライナ危機を経験しているキエフ政府としては、ウクライナ文部科学省幹部のアンナ・ノヴォサドがいうように、ウクライナ語のみを使用する中等教育を徹底することで、ウクライナ社会の一体性を維持したい理由があった。

新しい教育法は、主として中等教育以降のロシア語の排除を企図したものであったが、ウクライナの法整備に、ザカルパッチャ州に多くの在外同胞を抱えるハンガリー政府が「ハンガリー系住民の権利を侵害している」とウクライナに強く抗議し始めた(151)。

マケドニアの隣国ギリシアがポピュリズム政権であったのと同じように、ウクライナの隣国ハンガリーでも、ポピュリズム政権がすでに発足していた。

二〇一四年七月、ビクトル・オルバン首相は、これからハンガリーはリベラルな諸原則を放棄し、中国、ロシア、トルコに触発された統治形態を採用すると語った。オルバン首相は、これを「非リベラル民主主義」(illiberal democracy)と呼び、オルバンによれば、リベラリズムは個人の自己利益を促進するもので、愛国的ではなく、「非リベラル民主主義」だけが、全国民の一般利益に資するという。[152]

オルバン首相の「非リベラル民主主義」は、ロシアのいう「主権民主主義」（sovereign democracy）と似通っている。[153]「主権民主主義」とは、プーチン大統領の補佐官ウラジスラフ・スルコフが唱えた概念であり、国際政治学者ジェニファー・ウェルシュによれば、第一義的には、プーチン率いる「統一ロシア」がロシアの主権を守る統治者であり、その正統性を対内的に示すためのものである。同時に、同概念にはグローバリゼーション、テロリズム、大量移民といった外部からの圧力から自らを守るという強烈な主権意識をもともなっている。[154]

オルバン政権下のハンガリーも、EU、海外NGO、あるいは中東系難民からハンガリーの主権を維持する論理として、「非リベラル民主主義」を標榜しているきらいがある。

ランカスター大学（英国）のルート・ヴォダック名誉博士は「右翼ポピュリスト政党は、想像物、つまりそれぞれが思い描く政治的な姿と固有の伝統を結びつけて利用し、アイデンティティのナラティブというかたちでナショナリズムの過去を想起させ（つくりあげ）、日常政治のさまざまな問題を強調している」（傍点強調は原文ママ）と指摘しているが、[155]まさにオルバン首相は、右派ポピュリズムを地で行く政治指導者である。

そんなオルバン首相は、ザカルパッチャ州のハンガリー系住民には、二重国籍が認められるべきで、将来的には自治政府を形成してもよいのではと何度も公の場で発言していた。
ウクライナの新しい教育法採択とザカルパッチャ州のハンガリー系住民の権利をめぐり、ハンガリーとウクライナの関係は悪化の一途をたどった。
筆者も傍聴した二〇一七年一一月のブダペストの中央ヨーロッパ大学での公開イベントで、[156] 同問題をめぐり、両国の政府関係者が、互いが履いている革靴を床に叩きつけながら、非難の応酬を繰り広げ、ハンガリーの元外務大臣で中央ヨーロッパ大学のペーター・バラージュ教授が「お互い敬意をもって議論するように。これはわたしのゼミナールでの指導方針でもあります」と非難合戦をやめるよう仲裁に入り、双方を叱責したほどだった。
そんななか、二〇一八年二月、ザカルパッチャ州のトランスカルパチア・ハンガリー文化協会（KMKS）が何者かに襲撃される事件が二度発生した。一度目の襲撃（二月四日）ではKMKSの建物の窓に火炎瓶が投げ込まれ、二度目の襲撃（二月二七日）でも数人の人物が爆発物をKMKSの建物の窓付近に設置し、爆発により、一階のフロア二五平方メートルが焼失した。[157]
事件発生当初、犯行グループの全貌は浮かび上がって来ず、KMKSへの二度目の襲撃を受け、ハンガリー外務省はウクライナ大使を召還し、ウクライナにおける過激主義の台頭を厳重注意した。[158]
KMKS襲撃事件の衝撃もあり、ザカルパッチャ州のハンガリー系住民の権利状況について、ハンガリーはますます敏感になっていった。

ハンガリーは、これをウクライナのNATO加盟問題と結びつけはじめた。二〇一八年四月、ザカルパッチャ州のバシル・ブレンゾビッチKMKS会長が訪米し、トランプ政権高官にウクライナにおける反ハンガリー感情の高まりについて苦言を呈した。

五月一五日には、オルバン首相の外交政策顧問のイエノ・メジェシが訪米し、ジョン・ボルトン大統領補佐官と会談した。ボルトンは、ザカルパッチャ州の件とウクライナのNATO加盟問題は関係ないとしたが、メジェシは、NATO規則にうたわれている少数民族の保護の観点から考えると、これはNATOレベルの問題だと主張した。

一週間後、A・ウェス・ミッチェル国務次官補（ヨーロッパ・ユーラシア担当）がブダペストを訪問しており、五月三〇日には、マイク・ポンペイオ国務長官とハンガリーのペーター・シーヤールト外相も外相会談を持ったが、ハンガリー側は主張を曲げなかった。(159)

「パスポート・スキャンダル」

二〇一八年九月一九日、ザカルパッチャ州のハンガリー総領事館が当地のハンガリー系住民にハンガリーのパスポートを発行し、パスポート取得をウクライナ政府に報告しないよう説明していたことが判明した。

ウクライナ政府は、事態を「独自のルート」――ウクライナ情報機関によるものとみられている

——で入手した隠しカメラの映像から把握し、これを「パスポート・スキャンダル」として、ハンガリー政府への非難を開始した。ウクライナでは二重国籍取得は禁止されている。

翌週の国連総会の場を利用し、ハンガリーのシーヤールトー外務大臣は、ウクライナのパブロ・クリムキン外務大臣と会談を持ったが、「パスポート・スキャンダル」をめぐり、結局、物別れに終わった。

二〇一八年一〇月四日、ウクライナ政府は「パスポート・スキャンダル」を引き起こしたとして、ハンガリーのエルノ・ケシュケン総領事を「好ましからざる人物」（ペルソナ・ノン・グラータ）として、国外退去処分にした。ハンガリー政府も、ブダペスト駐在のウクライナ大使を召還し、ウクライナ大使館に勤務する領事一人を国外退去処分とすることを通告した。[160]

ウクライナの新しい教育法採択をきっかけに、ザカルパッチャ州におけるハンガリー系住民の地位をめぐる両国関係の悪化によって、ウクライナの安全保障自体にも深刻な影響が出始めていた。

ウクライナ危機を受け、ウクライナはＮＡＴＯへの接近を図っていたが、ハンガリーは、新しい教育法が撤回されない限り、ウクライナのＮＡＴＯ加盟を支持しないと表明し、ウクライナ政府とＮＡＴＯとのあらゆるレベルでの会合の開催にハンガリー政府は一貫して反対した。[161]

ＮＡＴＯの最高意思決定機関である北大西洋理事会は全会一致の原則を採用しているため、ウクライナのＮＡＴＯ加盟にハンガリーが反対すれば、それはすぐさまウクライナにとって、ＮＡＴＯ加盟への道筋が遠のくことを意味し、ウクライナの安全保障そのものへの影響は甚大であった。

ＫＭＫＳ襲撃事件におけるロシアの影

ハンガリー・ウクライナ関係悪化は、直接的にはウクライナの新しい教育法採択によるものだが、二〇一八年二月のＫＭＫＳ襲撃事件を受けたハンガリーが、ザカルパッチャ州のハンガリー系住民の地位をめぐるウクライナの言語政策に、ますます敏感になりはじめたと考えるのが適切である。

二〇一九年一月、ポーランドとドイツの司法当局は、ドイツ人ジャーナリスト、マヌエル・オクセンライターと彼に雇われた三人のポーランド人が、あたかもウクライナの過激民族主義者が仕掛けたように工作し、ＫＭＫＳ襲撃事件に関与していたことを発表した。

オクセンライターは、ドイツにおける極右雑誌「Zuerst!」（First!の意味、二〇一〇年一月創刊）の編集長であり、ドイツの右派政党ＡｆＤ（ドイツのための選択肢）所属のマルクス・フローンマイヤー議員（連邦議会）事務所スタッフも兼職しており、「ロシア・トゥデイ」（ＲＴ）などのロシアの主要メディアのインタビューにもたびたび応じていた人物である。

オクセンライターは、ネオナチ思想の持ち主で、ウクライナ東部の分離主義勢力支持を表明しており、ロシアのクリミア併合は、かつての東西ドイツ統一（一九九〇年一〇月）と似ているとも発言するなど、プーチン大統領の一連の行動を擁護する発言を繰り返していたジャーナリストである。

フローンマイヤー議員もロシアとの関係が指摘されている人物である。二〇一九年四月、ドイツの『シュピーゲル』誌は、ロシアの反体制派ミハイル・ホドルコフスキーが出資するウェブサイトの情報を基に、二〇一七年にドイツ連邦議会議員に初当選したＡｆＤ所属のフローンマイヤー議員とロシアのつながりについて報じた。

連邦議会選挙前の二〇一七年四月の時点で、出所不明だが、ロシア大統領府に「当選する可能性が高いフローンマイヤー候補を支援すれば利益になる」、「完全に当方の統制下に置かれた議員を連邦議会に送り込める」旨の報告がなされていたとされる。フローンマイヤーは、クリミアのウクライナへの返還はあり得ず、誰もがこれを受け入れるべきと言明したことで知られている。(162)

一〇〇〇ポーランドズウォティ（約二六〇米ドル）でオクセンライターに雇われた三人のポーランド人、「ミカエル・Ｐ」、「エイドリアン・Ｍ」、「トマス・Ｓｈ」はポーランドの極右政治勢力「ファランガ」（ファランクスの意味）の構成員だった。

ファランガは、反米、反ＮＡＴＯ、親露派集団で、構成員のなかにはウクライナ東部の分離主義勢力の側に立ち、ウクライナ政府軍と戦闘をする者が多くいる。また「ウクライナの過激民族主義者たちの動向を見張る」との名目で、ファランガの構成員は軽機関銃などで武装し、ポーランド・ウクライナ国境付近で、実際に「パトロール」をしている。

「ミカエル・Ｐ」は、ポーランドのほかの極右政治勢力「ズミアナ」とも関係のある人物で、ズミアナの創設者の一人「メテウス・P」は、ロシアのクリミア併合の住民投票のオブザーバーとして現地にいたことがあり、二〇一五年には逮捕歴がある。また、「ミカエル・P」は、ポーランドの首都ワルシャワのウクライナ大使館前で、親露派ウクライナ人団体「ウクライナ委員会」とともに反ウクライナデモを行なった人物である。

「トマス・Sh」は、プーチンの国家戦略を、思想的・理論的に支えたといわれているアレクサンドル・ドゥーギンのインタビュー記事をファランガのウェブサイト「Xポータル」に掲載するなどの活動をしていた人物である。彼の「フェイスブック」のプロフィール画像には、ナチスのシンボルが描かれるなど、ネオナチ思想の持ち主である。(163)

ドイツとポーランド当局の捜査により、KMKS襲撃（二月四日）に彼ら三人が直接関与しており、襲撃現場にナチスの鍵十字やネオナチのシンボル「88」――「ハイル・ヒトラー」を指すコード――を書き残し、襲撃があたかもウクライナの過激民族主義者によるものに見せかける工作を施していたことが発覚した。ちなみに二度目のKMKS襲撃（二月二七日）はウクライナ人による犯行だった。(164)

ハンガリーとウクライナの関係が悪化し、ウクライナのNATO加盟の道が遠のくことで、戦略的利益を得るのはロシアであることはいうまでもない。KMKS襲撃事件の首謀者オクセンライターは、ロシアの情報機関からの指示で動いていた可能性があることから、ポーランド司法当局は、オクセンライターとロシアの情報機関の関係を捜査中である。

ウクライナ保安庁（SBU）は、KMKS襲撃に関与した三人のポーランド人、ドイツ人ジャーナリストの背後には、ロシアのFSB（連邦保安庁）の関与がほぼ確定しているとの見方を示している。[165]

「スルコフ・リークス」

二〇一六年から二〇一七年にかけて、インターネット上で、プーチン大統領の補佐官スルコフに関係する大量のメールが公開された。これを手がけたのは、ウクライナの愛国主義ハッカー集団「サイバー・アライアンス」だった。

ハッキングを受け、インターネット上で公開された関連文書は「スルコフ・リークス」と呼ばれ、これには「ウクライナ政情不安定化・議会解散占拠計画」——通称「シャトゥン計画」——と「ザカルパッチャ連邦化計画」が含まれていた。

「スルコフ・リークス」には、ザカルパッチャ州に居住するルシン人、ハンガリー人、ルーマニア人の分離運動・自治権獲得運動を創出し、ウクライナで少数民族に対するジェノサイドが起こっているという偽情報を国際会議やメディアを通して拡散し、ハンガリーの右翼政党やルーマニアの政治家を焚きつけて同胞保護を名目に、両国をザカルパッチャ問題に介入させるというシナリオが描かれていた。[166]

ロシアは「スルコフ・リークス」を「フェイク」と一蹴しているが、「スルコフ・リークス」が信頼に足る文書であれば、ロシアは、ザカルパッチャ州を二〇一四年のウクライナ危機で遂行したハイブリッド戦争の一連の作戦の一環として戦略的に捉えていたと断言できる。実際、ロシアの狙いどおり、ザカルパッチャ問題をめぐり、ハンガリーが介入し、ウクライナとの関係は著しく悪化した。ウクライナの「マイダン」派が嘆いているように、まさにハンガリーはロシアの偽情報の武器となってしまったのであった。[167]

本章で詳しくみてきたように、二〇一六年から二〇二〇年にかけて、中東欧でみられたロシアの関与が濃厚な作戦は、前章でみたウクライナ危機における作戦とは様相の異なるハイブリッド戦争だった。

サイバー攻撃、偽情報キャンペーンが繰り広げられながらも、謎の武装集団「リトル・グリーン・メン」は出現せず、代わりに現地の過激派、民族主義者、親露派団体などがロシアの代理人（プロキシー）として動員された。[168]

第2章が「グレーゾーン」下のハイブリッド戦争から「有事」に発展した事例であるのに対し、本章は「グレーゾーン」から「平時」寄りのハイブリッド戦争の事例である。

このように中東欧一帯では、ロシアのハイブリッド戦争が頻発しているが、もう一つの国が中東欧への進出を強めており、同地域を玄関口として、ヨーロッパ全体にハイブリッド脅威を及ぼしていると懸念されはじめている。

その国とは、すなわち中国である。

次章では、ハイブリッド戦争の観点から中国の国際政治における動向を分析してみたい。

第4章　米中衝突とハイブリッド戦争（二〇一〇～二〇年）

第一節　中国の安全保障観

米中衝突論

冷戦後、国際システムは米国にパワーが集中する単極構造に変化した。ところが二〇〇〇年代になると、米国は長期化する中東における「テロとの戦い」や二〇〇八年の「リーマン・ショック」を経験し、にわかに米国衰退論が語られるようになった。

米国衰退論と並行して登場したのが、中国台頭論である。

二〇一〇年、中国は世界第二位の経済大国となり、経済力を背景に急速な軍備拡張政策をとりはじめている。二〇一〇年代初頭、南シナ海・東シナ海における中国の海洋進出が目立ち、二〇一〇年代中頃からは、「一帯一路」というユーラシア大陸全域にまたがるメガ地経学プロジェクトを開始、米国でトランプ政権が発足して以降、中国は米国と熾烈な大国間競争に突入している。

中国共産党結党一〇〇周年にあたる二〇二一年と、中華人民共和国建国一〇〇周年の二〇四九年の間に、中国による台湾併合の可能性も指摘されはじめている。

中国の台頭により、米国のパワーの優位性を前提とした単極構造の国際システムが変動するとき、大国間戦争が発生する可能性が高いと指摘する専門家は少なくない。たとえば、ジョン・ミアシャイマーは「国際システムの基本的な構造によって国家は安全保障を心配するようになり、互いにパワーを争うことになる」との前提に立ち、域内大国は地域覇権を確立しようとし、別の地域にいる大国による地域覇権獲得を阻止しようとするという。

ミアシャイマー理論を米中関係にあてはめると、中国は自らの安全保障を達成するためにパワーを増大し、すでにインド太平洋に存在する米国主導の同盟網を活用した米国の地域への介入を阻止しようとする。結果、米中が衝突するシナリオが導き出され、ミアシャイマーは「中国は平和的に台頭しない」との結論にいたった。(169)

ハーバード大学の国際政治学者グレアム・アリソンは「アテネの台頭とそれに対してスパルタが抱いた不安が戦争を不可避にした」という古代ギリシアの歴史家トゥキディデスの洞察に立ち、「新しい勢力が既存のトップの地位を脅かすときに生じる混乱」を「トゥキディデスの罠」と表現した。ア

リソンは、二〇一〇年以降の米中関係が「トゥキディデスの罠」に陥っており、米中衝突の可能性が高いと主張した。(170)

中国は、一帯一路を「参加するすべての国と中国がともに発展するウィン・ウィンなもの」と主張しているが、米国では、一帯一路を中国主導の経済発展プロジェクトではなく、安全保障や自由・民主主義という価値の次元で警戒するむきも出てきている。

序章で紹介したサミュエル・ハンチントンの弟子であるプリンストン大学の国際政治学者アーロン・フリードバーグは、米連邦議会・下院軍事委員会(二〇一八年二月一五日)で、一帯一路は中国を中心とし、米国を周辺へと追いやるユーラシア新秩序構想であると証言し、「政府およびプライベートセクターは、米国のリベラルかつ民主的な諸価値を共有しない戦略的ライバルが自らの目標のため、我々の社会・政治・情報・経済システムの開放性を悪用することを防ぐために、さらに取り組まなければならない」と注意喚起した。(171)

トランプ政権のNSC(国家安全保障会議)の戦略立案シニアディレクターで、ハドソン研究所上級研究員のロバート・スポルディングは、一帯一路を中国による「一つの帝国」を創設する手段と捉え、かつてフランクリン・ローズベルト大統領がかかげた「四つの自由」――言論と表現の自由、信教の自由、欠乏からの自由、恐怖からの自由――を米国が守るため、中国との目に見えない「ステルス・ウォー」に対峙するべきとしている。(172)

二〇二〇年の新型コロナウイルスの世界的拡大以降、中国台頭論とは異なる論考が発表されはじめている。タフツ大学のマイケル・ベックリーとジョンズホプキンス大学のハル・ブランズは、中国台頭論ではなく、むしろ中国のパワーが減退しつつあるなかでの米中衝突の可能性を議論している。

二〇一〇年の頃に比べて、中国経済は減速しており、一帯一路や中国の5G大手ファーウェイに対する安全保障上のリスク、さらには新型コロナウイルスの世界的拡大にともなう嫌中感情の高まりが重なっている。中国のパワーの減退は、中国国内の中国共産党に対する不満が高まることにつながる。ベックリーとブランズは、こうした事態を回避するため、中国が対外的な挑発行動に出る可能性が高くなり、今後一〇年間の米中対立が熾烈になると展望した。(173)

中国の台頭と中国の衰退。このように前提は異なるが、ハドソン研究所中国戦略センター長のマイケル・ピルズベリーの「一〇〇年マラソン説」に立てば、(174)中国は人民共和国建国一〇〇年にあたる二〇四九年に米国を追い抜き超大国となろうとしていることから、二〇四九年までのどこかの段階で、米中が軍事的に衝突する可能性は十分ある。

米中衝突の舞台となる可能性が最も高いのが、台湾海峡、南シナ海、そして尖閣諸島周辺の東シナ海であることは、言うまでもない。

超限戦理論

米中衝突にもつながりうる中国の軍事的・経済的拡張はなぜ続いているのか。中国にも言い分がある。

中国共産党にとっての衝撃は、一九九一年のソ連解体だった。米国との直接的な軍事衝突を引き起こすことなく、ソ連は内部から瓦解していった。共産主義国家ソ連が崩壊したことは、中国共産党指導部にとって、体制維持が喫緊の課題となった。そのため中国共産党は急速な経済成長につき進んだ。

一九九一年の湾岸戦争や一九九九年のNATO（北大西洋条約機構）軍のセルビア空爆も、中国にとって衝撃的だった。湾岸戦争やセルビア空爆は、米軍の保有する圧倒的な技術力を世界に見せつけた「ハイテク戦争」だった。

NATO軍のセルビア空爆では、ベオグラードの中国大使館が「誤爆」までされている。中国共産党は、米軍のように全軍種の統合運用を可能にする中国人民解放軍の改革にいそしむようになった。

一九九〇年代に米国がみせつけた軍事・経済・技術の圧倒的パワーと冷戦後のグローバル化を背景に、中国では超限戦理論が生まれた。

一九九九年、中国人民解放軍大佐の喬良と王湘穂は、すべての境界と限度を超えた戦争としての超限戦を提唱し、「非軍事の戦争行動」として、貿易戦、金融戦、新テロ戦、生態戦（人工的に「エルニーニョ」や「ラニーニャ」現象をつくりだす技術を兵器化する戦い）、心理戦、密輸戦、メディア戦、麻薬戦、ハッカー戦、技術戦、仮想戦、資源戦、経済援助戦、文化戦、国際法戦などを挙げた。
超限戦理論によれば、このような非軍事戦争の手法はいくらでもある。さらに超限戦は、陸、海、空、宇宙などの自然空間のみならず、軍事、政治、経済、文化、心理などの社会空間も戦場となる「全方向度」の特徴を持っており、同一時間帯に異なる空間で発生するものである。[175]
第1章で紹介したロシアのゲラシモフ論文と同様に、超限戦理論も、中国を取り巻く安全保障環境の変化を、軍人が正しく認識することを指摘したものであったが、中国の海洋進出や一帯一路を通したユーラシア全域への影響力拡大を背景に、西側諸国の間で、こうした中国の対外行動が超限戦、あるいはハイブリッド脅威と認識されるようになったのは、何とも皮肉なことである。

混合戦争論

二〇一四年のウクライナ危機以降、米欧では急速にハイブリッド戦争に関する研究が進んだが、中国では表立って積極的に学者や軍人を動員した研究活動が行なわれなかった。

その後、トランプ政権発足後の米中貿易戦争や、チベット、ウイグル人への人権弾圧や香港における逃亡犯条例改正問題（二〇一九年）や国家安全維持法導入（二〇二〇年）をめぐる米中関係の悪化を背景に、中国でもハイブリッド戦争（中国語：混合戦争）に関する論考が相次いで発表された。

総じて中国は、トランプ政権の対中強硬政策を米国発の混合戦争と捉えている。
中国社会科学院、中国国際問題研究所とともに「中国三大シンクタンク」の一つである中国現代国際関係研究院の宿景祥は、二〇一九年の香港における逃亡犯条例改正案反対デモは、米国が中国に仕掛ける混合戦争の一部の「カラー革命」（中国語：「顔色革命」）の典型と指摘している。

宿によると、米国は冷戦が終結してから過去三〇年にわたり、武力の使用を隠蔽する「非伝統的な戦争」と非軍事的手段「顔色革命」を軍事介入と組み合わせることで、ユーゴスラビア、リビア、イラク、アフガニスタン、ウクライナ、シリア、ベネズエラ、イランに介入してきた。香港における「顔色革命」は、米国が中国に混合戦争を仕掛けている否定できない事実という。(176)

中国人民解放軍第二砲兵——現在のロケット軍——工程学院を卒業した軍事評論家・宋忠平は、現在の米中関係は「新冷戦」ではなく、混合戦争であるとする。

宋によれば、トランプ政権と習近平政権下の米中関係は力が不均衡で、二極を構成しておらず、かつてのソ連ブロックのようにイデオロギーを背景にした中国ブロックは存在しないため、「新冷戦」ではない。そうではなく、香港や台湾情勢をめぐって、米国が中国国内の分裂分子、テロリスト、反体制派、さらには武装暴動を通じた「準軍事行動」を仕掛けており、中国は米国発の混合戦争に巻き込まれているとの見解を示した。(177)

中国人民解放軍軍事科学院戦争研究院の于淼も、二〇一九年以降、米国が中国に対し、政治、経済、貿易、科学技術、金融、軍事など多くの分野で中国に圧力をかけ、「全政府的」な混合戦争を仕掛けているとしている。(178)

一九九九年に『超限戦』を発表し、現在、北京大学航空航天大学教授の王湘穂は、自著『超限戦』が、ホフマンをはじめとする米国の軍事専門家の間で参照され、その後の混合戦争研究につながったことについて、「興味深いことである」と述べ、米国の戦争思考の根源には、混合戦争の発想があるとし、混合戦争が今後の戦争形態として、ますます目立つようになると展望している。(179)

このように中国は、米国発の混合戦争の脅威にさらされていると認識しており、トランプ政権期の米国は中国発の超限戦の渦中にあると考えていたのである。

次節で挙げるように、ハイブリッド戦争遂行能力を着実に身につけつつある中国を前に、台湾や日本は自身に対して中国発のハイブリッド戦争が仕掛けられる恐れを抱いている。

さらに、一帯一路による中国の進出が著しい米国のヨーロッパ同盟国のなかでも、中国をハイブリッド脅威と認識するむきが少しずつではあるが強まっている。

第二節　中国のハイブリッド戦争遂行能力

戦略支援部隊

中国がクリミア型（第2章参照）あるいはクリミア以降型（第3章参照）のハイブリッド戦争を仕掛ける可能性が最も高い場所は、台湾だと考えられる。

なぜならば、台湾併合の際に、中国人民解放軍が前面に出る軍事行動は、武力行使に該当し、あきらかに国連憲章に違反する。かといって、台湾の民主的な社会に影響工作をほどこし、親中派の政治家による政権を発足させ、平和的に統一を図るというのも、米国との関係や独立志向を強める蔡英文政権発足後の台湾では、現実的ではなくなったからである。

近年の中国の軍事能力は、中国が他国にハイブリッド戦争を仕掛けるのに十分なものになりつつある。習近平国家主席は、中国人民解放軍の改革を行なっている。

二〇一五年一二月三一日、中国人民解放軍は、ミサイル戦力を扱う「第二砲兵」を「ロケット軍」に変更し、陸・海・空軍と同格の軍種に昇格させた。また、戦略支援部隊も新設した。戦略支援部隊は「参謀部」、「政治工作部」、「兵站部」、「装備部」、「宇宙システム部」を基本編制とし、情報戦、宇宙戦、サイバー戦、電子戦を担当する部隊である。

自衛隊OBの渡部悦和・元陸将と佐々木孝博・元海将補は、相手の衛星を破壊するためのミサイルを使用する宇宙戦などの例外はあるものの、戦略支援部隊は、主として「ノンキネティックな戦い」を扱う部隊であると指摘する。(180) ウクライナ危機におけるロシアのハイブリッド戦争でも「ノンキネティックな戦い」が繰り広げられていた（第2章参照）。

伝統的な中国の戦略思想は、米欧がいうところのハイブリッド戦争と似通っている点が少なくない。「戦わずして人の兵を屈するは善の善なる者なり」、「兵は詭道（だまし合い）なり」といったのは、孫子であるが、孫子の思想は、毛沢東の戦争理論に影響を与えている。

毛沢東は、自らの戦争理論を一冊の本にまとめてはいないが、毛沢東の戦争に対するアプローチは、次の三段階をとる。①最初に、戦略的防勢による革命運動、②つぎに、集中的なゲリラ戦争を特徴とする戦略的膠着状態の創出、③最後に、決定的な通常戦争により、敵を敗北させるための戦略的反攻である。(181)

二〇〇三年一二月に改定された「中国人民解放軍政治工作条例」に記された「三戦」——輿論戦・心理戦・法律戦——は、南シナ海や東シナ海情勢をめぐり、すでに何度となく用いられている。

軍事力ではないパワーを行使し、自国に有利になるような戦略環境を中国が創出していることについて、トランプ政権のピーター・ナヴァロ大統領補佐官（国家通商問題担当）は、中国人民解放軍軍事科学院の戦略家・呉春秋の言葉に、孫子の時代から受け継がれている精神をみることができるという。

戦わずして勝つとは、まったく戦わないことを意味するものではない。政治戦、経済戦、科学・技術戦、外交戦等等、戦わなければならない戦争は数々ある。これを一言でまとめれば、総合国力戦である。軍事力は重要なファクターではあるが、平時には、軍事力は通常は予備的な力であり、目に見えない力としての役割を果たしている。(182)

「中国海警」と「海上民兵」

海洋において、すでに中国はハイブリッド戦争遂行能力を確立している。中国人民解放軍は海軍種を有しているが、海軍を「第一軍（第一艦隊）」とし、このほかに、「第二軍（第二艦隊）」と呼ばれる「中国海警」、そして「第三軍（第三艦隊）」と呼ばれる「海上民兵」が存在する。

中国の海上法執行機関が再編される二〇一三年以前は、「中国海監」、「中国漁政」を名乗る船舶は、国土資源部国家海洋局や農業部漁政局などの行政部門に所属していた。二〇一三年にこれらが「中国海警」として再編され、五年後には「武警海警総隊」に改編された。

「武警」は「軍」に該当し、中国武警法によれば、平時における任務に「非戦争的軍事行動」が明記され、同時に「海上維持執法（権益保護と法執行）」も加えられた。
二〇二〇年一一月に明らかになった「海警法草案」――二〇二一年二月施行――では、海警の命令に従わない外国の軍用船舶や非商業目的の政府船舶に対する「強制措置」の権利も明記された。
防衛研究所の山本勝也・教育部長は、「海警」の船舶を「公船」ではなく「軍艦」と正しく認識する必要があり、「海警」の船舶を「公船」と呼ぶことを中国が否定しないのは、「海警」のあいまい性を装う意味で中国にとって好ましい状態であるからではないかと、と分析している。[183]
米海軍大学中国海事研究所は、「海上民兵」について「一つの海上民兵組織が存在するのではなく、国防を支える地方政府と省政府の間に存在する部隊の集合体」との見方を示し、「迷彩服を着れば兵士としての資格があり、迷彩服を脱げば法を守る漁師」というように、中国が意図的に「海上民兵」の地位をあいまいにしていると分析する。[184]
モーガン・クレメンスとマイケル・ウェーバーによれば、戦時から平時まで人民解放軍を支援するものとみられる「海上民兵」を北京が駆使することで、何らかの現状変更を行なう帰属をあいまいにし、危機や対立が起きた際に、敵対者がエスカレーションラダーを越える可能性を減らすことができると指摘している。[185]
二〇一〇年前後から、「中国海警」と「海上民兵」は中国海軍と連携しながら、南シナ海のファイアリークロス、スビ、ミスチーフの三つの礁の埋め立て、人工島建設、軍事拠点化や尖閣諸島周辺の東シナ海への海洋進出に一役も二役もかっている。

ハイブリッド脅威にさらされる台湾

ハイブリッド戦争遂行能力をつけつつある中国がハイブリッド脅威を常に与えているのは、やはり台湾である。二〇一六年五月、蔡英文が台湾総統に就任したのと同時期、習近平国家主席は、中国の政府系シンクタンクや対外交流団体に「ロシアのクリミア併合を研究せよ」と内部指令を出した。

二〇一七年一月、中国は空母・遼寧を台湾周辺に航行させ、軍用機も飛ばし、軍事的圧力をかけるほか、同年五月のWHO（世界保健機関）総会への台湾代表の出席を阻止、一一月の国連気候変動枠組条約に関する締約国会議への台湾閣僚の参加も拒んだ。中国から台湾へのサイバー攻撃件数（一七年は前年比で三〇倍以上）も飛躍的に高まっている。さらに中国は、一帯一路の援助国である中南米、太平洋島嶼、アフリカ諸国に台湾との外交関係断交を迫り、政治的圧力も強めている。(186)

二〇一八年五月、台湾国防部はシンクタンク「国防安全研究院」を新設し、ハイブリッド戦争を含む中国共産党の政治・軍事に関する研究体制強化に乗り出した。国防安全研究院の李俊毅研究員は、ハイブリッド脅威に関する欧州委員会の定義（第1章参照）を踏まえながら、中国が軍事力を背景に、偽情報、検閲、選挙干渉、経済・社会・学術上の浸透工作を行なっており、与党・民進党が大敗し、蔡英文が党主席を辞任する事態となった二〇一八年一一月の台湾統一地方選挙の背景に、中国発のハイブリッド戦争があったと分析している。[187]

二〇二〇年、新型コロナウイルスの脅威に世界が見舞われてもなお、中国は台湾への圧力を強めている。新型コロナウイルスの封じ込めに、民主主義勢力のなかで、いち早く成功した台湾は、同年五月のWHO総会へのオブザーバー参加が中国の反対により見送られた。

二〇二〇年八月二六日、中国は南シナ海に向けて、中距離弾道ミサイル四発を発射し、九月一八日には、中国人民解放軍が台湾海峡で軍事演習を開始した。台湾国防部は、同日午後、中国軍機一八機が台湾海峡の中間線を越え、台湾南西の防空識別圏に侵入したと発表した。演習の一環で、中国国営の中央テレビは、台湾に向き合う福建省に基地がある第七三集団軍が参加する市街戦演習の動画を公開した。これは、台湾への侵攻作戦の模擬演習とみられている。[188]

中国共産党結党一〇〇周年にあたる二〇二一年、中国による台湾併合の可能性が日米台の安全保障専門家の間で指摘されはじめている。二〇一八年以降の台湾情勢は、第2章で紹介したクリミア併合直前の二〇一三年秋から二〇一四年二月までの事態推移と重なる点が多い。

日米台の防衛当局者は、中国人民解放軍が直接的に軍事力を行使する「ショート・シャープ・ウォー」（短期激烈戦）から、クリミア型のハイブリッド戦争にいたる台湾併合シナリオへの警戒を続けている。

第三節　ハイブリッド脅威としての中国

中国とヨーロッパの協力枠組み「17＋1」

二〇一九年時点で、一帯一路に参加するヨーロッパ諸国は一四か国で、(189) そのうち、G7諸国のなかでイタリアが唯一、一帯一路に参加している。

また中国は「16＋1」（バルト三国、中東欧、バルカン諸国の一六か国と中国）の枠組みでの経済協力も進めている。(190) ギリシアが参加後、「17＋1」となった中国と中東欧のこうした経済協力枠組みは、一帯一路の一部と考えられている。(191)

この中で最も目立つ動きをしている国がハンガリーである。

第3章で紹介したように、ハンガリーのオルバン首相は、中国を自国の統治モデルに据えている。二〇一九年四月九日、ハンガリーの財務相は、北京でのファーウェイ幹部との会合で、「ファーウェイは戦略的ITパートナー」と発言した。

二〇二五年までにハンガリー国内の九〇パーセントの家庭への5G技術の普及を目標に掲げるオルバン政権が、中国を重視していることが鮮明となった。

四月一二日、クロアチアで「16＋1」首脳会議が開催され、ハンガリーの首都ブダペストとセルビアの首都ベオグラードを結ぶ高速鉄道が中国資本で建設されることが決まった。

北京での一帯一路の国際会議に参加するために、同月末、北京を訪問したオルバン首相は、ファーウェイ製品を積極的に導入し、ハンガリーが中国の進める「デジタル・シルクロード」の構築に貢献していくことを確認した。[192]

すでに中国は、中国外務省傘下の「中国―中東欧国家合作」(事務局は北京)、中国社会科学院傘下の「中国―中東欧研究院」(所在地ブダペスト)などの出先機関を設置し、「16＋1」の制度化を進めている。

中国は「海のシルクロード」も整備している。二〇〇九年、COSCO(中国遠洋運輸集団)は、ギリシア最大のピレウス港のコンテナ貨物埠頭の改修・運用について、期間三五年の利権を取得し、二〇一六年、COSCOはピレウス港の株式の五一パーセントを取得した。

二〇一九年一一月一一日にギリシアを訪問した習近平国家主席は、ピレウス港のさらなる開発を表明した。ギリシアが加わることで「17＋1」となった中国とヨーロッパの協力枠組みにより、ピレウス港、ベオグラード、ブダペストが高速鉄道で接続し、「海と陸のエクスプレス」が整備される見込みとなった。[193]

中国はセルビアとの関係も強化している。新型コロナウイルス感染拡大のさなか、二〇二〇年二月下旬、セルビアのイビツァ・ダチッチ外務大臣は北京を訪問し、一九九九年のNATO軍のセルビア空爆を引き合いに出しながら、「あなた方はNATOの爆撃を恐れませんでした。我々もウイルスを恐れません」と強固な両国関係をアピールした。

セルビアは、中国の「マスク外交」が積極的に展開された国である。セルビア欧州研究所と調査団体ニナメディアによる世論調査によれば、新型コロナウイルス感染拡大に対抗するため、セルビアを支援してくれた最大の国は中国と回答したのが被験者の四〇パーセントを占めた――EUが一七・六パーセント、ロシアが一四・六パーセント――。[194]

二〇二〇年七月七日、ヨーロッパではじめて、中国は攻撃・偵察用無人機（彩虹CH92A）九機をセルビアに売却。[195] 九月一八日には、ベオグラードにファーウェイ・イノベーション開発センターを新設し、両国間の5G技術協力強化をうたった。[196]

中国の5G技術を警戒する

サイバー安全保障に関するNATOの研究拠点CCDCOE（エストニア・タリン所在）の専門家は、報告書『安全保障上の脅威としてのファーウェイ、5G、中国』（二〇一九年）のなかで、5Gを「現代社会のデジタル版神経システム」としたうえで、中国企業の5G大手ファーウェイを安全保障上の脅威と報告した。[197]

米国はといえば、トランプ政権は、ファーウェイに代表される5G技術を安全保障と関連させて政策を策定していた。二〇一七年一二月に公表された『国家安全保障戦略』一九頁には、「我々は、米国のデジタル・インフラストラクチャーを、安全な5Gインターネット能力を全国的に展開することで改善していく」とある。(198)

二〇二〇年四月、米国務省は、米国の外交機関を経由する5G通信網について、中国企業が関与しない「クリーン・パス」であることを求めると発表、五月には、米商務省産業安全保障局は、ファーウェイと関連企業一一四社への輸出管理の強化を発表した。八月五日、マイク・ポンペイオ国務長官は「クリーン・パス」構想を強化するため、五つの指針を示した。

①「クリーン・キャリア」：信頼できない中国の通信キャリアが米国の通信網に接続されていないことを確実にする。

②「クリーン・ストア」：信頼できないアプリを米国のモバイルストアから排除。

③「クリーン・アプリ」：信頼できない中国のスマホ製造者（ファーウェイなど）が製造した端末に米国のアプリを事前インストールしている、もしくは独自のアプリストアからダウンロードできる状況を阻止。

④「クリーン・クラウド」：アリババ、バイドゥ、テンセントなどの企業のクラウドを通じて、米国市民の機微な情報や米企業の知的財産が外国の敵対勢力に渡ることを阻止。

⑤「クリーン・ケーブル」：米国と国際インターネット通信をつなぐ海底ケーブルが中国政府による諜報に侵されないよう確実にする。

5G安全保障

「17＋1」に参加する中東欧の米国の同盟国のなかにも、中国の5G技術を警戒する向きが、徐々にではあるが強まっている。

二〇一九年一月、ポーランド当局は、スパイ容疑でファーウェイ現地支店幹部の中国人一名と元情報機関職員でポーランドの通信会社に勤務していたポーランド人一名を逮捕した。

同年九月二日、米国のペンス副大統領とポーランドのマテウシュ・モラヴィエツキ首相は、ポーランドの首都ワルシャワで会談し、5G技術による破壊工作や情報操作から米国と同盟国の市民を守るとした「5Gに関する米国・ポーランド共同宣言」に署名した。

二〇二〇年八月一一日から一五日にかけて、ポンペイオ国務長官はチェコ、スロベニア、オーストリア、ポーランドの四か国を訪問した。ポンペイオ国務長官のポーランド訪問に際し、モラヴィエツキ首相は「すべてのヨーロッパ諸国は、5G問題について、米国と同じ立場に立つべき」とし、ファーウェイやZTE（中興通訊）の名指しは避けつつ、「権威主義体制のコントロールを受けている二つの企業による影響力」について注意喚起した。依然、ポーランドは、ファーウェイの全面排除に乗り出してはいないが、ポーランドはヨーロッパで対中警戒感を強めている国の一つである。

チェコも同様である。二〇一九年七月二二日、チェコ放送ラジオジャーナルは、国内のファーウェイ子会社の社員が、顧客の個人情報をチェコの中国大使館に提供していることを報じた。チェコのアンドレイ・バビシュ首相は、二〇二〇年五月六日、ポンペイオ国務長官との電話会議で、信頼できるサプライヤー選択を盛り込んだ「5Gに関する米国・チェコ共同宣言」に署名している。

八月一三日、チェコを訪問したポンペイオ国務長官は「中国共産党による強制と支配の工作活動はロシアより重大な脅威」と強調した。

九月一日、チェコのミロシュ・ビストルチル上院議長が代表団を率いて台湾を訪問、台北の立法院で演説し「わたしは台湾人だ」と述べ、拍手喝さいを浴びた。チェコ国内では、二〇二〇年一月に死去したヤロスラフ・クベラ前上院議長は、中国大使館からの圧力にさらされていたとの報道があり、対中警戒感が強まっており、北京よりも台湾支持の流れにシフトしつつある。

中国政府は、ポンペイオ国務長官のヨーロッパ歴訪を「ファーウェイ包囲網構築」と捉え、新型コロナウイルス発生以降の初の外遊として、八月二五日から九月一日の日程で、王毅外相をイタリア、オランダ、ノルウェー、フランス、ドイツ訪問に派遣した。

中国共産党機関紙『人民日報』系の『環球時報』は、王毅の訪問を「ポンペイオがヨーロッパでまいた毒を王毅が消毒する」と表現したが、香港、ウイグル、そしてチェコ外交団の台湾訪問をめぐり、「公然と台湾独立勢力の肩を持ったばかりでなく、他国を扇動し、挑発した。一線を越えた」と述べ、チェコを厳しく非難した。ヨーロッパ諸国に、中国へのマイナスのイメージを持たせる結果となった。(199)

5G技術は、中国にとってみれば、中国とヨーロッパを接続する「デジタル・シルクロード」構想の目玉でもある。その典型例は「ネット先進国」エストニアである。

二〇一七年一一月末、エストニアは中国と「シルクロード・イニシアティブ覚書」などに署名、二〇一九年一一月には、ファーウェイとエストニアのタルトゥ大学は、研究・開発での協力についての覚書に署名した。ところが、二〇二〇年二月にタルトゥ大学が発行する学術誌に、覚書の利益とリスクを考察した論文の掲載がリジェクトされると、ファーウェイによる「学問の自由」の侵害が懸念されはじめた。

二〇二〇年五月一二日、エストニアは通称「ファーウェイ法」を採択し、エストニア政府が、5Gを操業する企業に対し、ネットワークで使用されているハードウェアとソフトウェアに関する情報を提示する義務を課せるようになった。(200)

ポーランドやチェコと同じように、バルト三国は米国と「5Gに関する共同宣言」に署名している。

二〇二〇年時点で、「5G安全保障に関する米国との共同宣言」は、ルーマニア、ポーランド、エストニア、ラトビア、チェコ、台湾、リトアニア、スロバキア、ブルガリア、北マケドニアの間で締結されている。

中国とNATO

それまでNATOは、一九九九年のセルビア空爆に際する中国大使館「誤爆」事件で中国と外交的緊張関係に入って以降、中国問題を国際政治における重要課題と認識してこなかった。ところが、すでに紹介してきたように、いまや中国はヨーロッパ各地で影響力を増大させる存在となっていた。

NATOは、二〇一九年から中国問題に本格的に取り組みはじめている。ファーウェイ問題をめぐるポンペイオ国務長官のヨーロッパ歴訪（同年二月一一日〜一二日）、ペンス副大統領のヨーロッパ歴訪（同年二月一三日〜一六日および八月三一日〜九月三日）により、NATO同盟国間の対中政策の足並みの一致が模索された。二〇一九年四月、ワシントンDCでのNATO外相会議で、安全保障問題として中国問題がはじめて言及された。

同年一〇月のブリュッセルでのNATO国防相会議では、ストルテンベルグNATO事務総長は、中国を名指しこそしなかったが、5Gについて、同盟国の国防相は、平時・危機・紛争に至るすべての段階における信頼できる通信システムを持つ重要性について議論した。一一月にワシントンDCで開催されたNATO産業フォーラムでも、5G安全保障が議論された。

一二月のNATOロンドン首脳会議で採択された「ロンドン宣言」の第六パラグラフで、NATO史上、「5G」、「宇宙」、「ハイブリッド」と並んで、「中国」の文言がはじめて以下のように挿入された。

我々は、我々の社会、重要インフラ、そしてエネルギー安全保障のレジリエンスを向上し続ける。NATOと同盟国は、それぞれの関係機関の範囲内で、5Gを含む我々のコミュニケーションの安全を確保するよう努める。……我々は、宇宙空間がNATOの作戦上のドメインであることを宣言する。……サイバー攻撃に対応する手段を増強させ、ハイブリッド戦術に対し、準備・抑止・防衛する能力を強化する。……我々は、中国の拡大する影響力と国際政策が機会と挑戦を及ぼしていると認識している。[201]

（傍点強調は筆者）

このように米国に比べてやや周回遅れの感が否めないが、ヨーロッパの同盟国も中国をハイブリッド脅威と認識しはじめた。ハイブリッド戦争に関する研究拠点Hybrid CoEは、米欧の中国専門家による研究チームを組織し、ハーバード（二〇一九年四月）とパリ（二〇二〇年二月）で国際会議を開催、中国の世界規模での活動をハイブリッド脅威という概念で分析した報告書『中国のパワー・ポリティクスのトレンド』（二〇二〇年七月）を公表した。

同報告書は、一帯一路や「17＋1」が、中国の「エコノミック・ステイトクラフト」（経済的国政術）の場として活用され、中国の利益に資するよう、外交や政治、規範の領域にまで、波及効果を有していると指摘している。(202)

台湾、南シナ海、東シナ海に代表されるインド太平洋では、中国発のハイブリッド戦争の可能性が懸念されているのに比べ、ヨーロッパでは、中国の軍事的脅威を、それほど深刻視してきたわけではない。けれども、一帯一路、「17＋1」、5Gなど、政治・経済・文化・技術といったさまざまな領域でいつの間にか浸透してきた中国を、ヨーロッパではハイブリッド脅威と認識しはじめている。

国際政治学者イアン・ブレマーとの対談でのストルテンベルグNATO事務総長の次の発言は示唆的である。

> 中国は敵ではありません。実際、中国の台頭は、すべてのNATO同盟国に対して、貿易、市場といった経済的機会を提供しています。しかしながら、中国の台頭は、価値観、軍事力、そしてレジリエンスの観点から言えば、我々の安全保障に対して挑戦もまた及ぼしています。……中国はインフラストラクチャーに多額を投資しています。ヨーロッパ、それも我々のNATO同盟国においてです。テレコミュニケーション、5G、港湾、鉄道、などです。こうした中国の取組みは、社会のレジリエンスに挑戦を及ぼしています。(203)

本章でみたように、中国は、米国発の「混合戦争」の脅威を感じているのに対し、米国をはじめヨーロッパ同盟国は、ロシアだけでなく、中国発のハイブリッド脅威に直面していると認識している。南シナ海・東シナ海・台湾のあるインド太平洋だけでなく、ヨーロッパ、それも経済を発展させるために中国と関係を強化している中東欧もまた、米中のハイブリッド戦争の「戦場」となっていることは、無視できない現実である。

終章　ハイブリッド戦争という難題

第一節　同盟の抑止力

NATOウェールズ首脳会議（二〇一四年）

第1章でみたように、ハイブリッド戦争に関して、二〇〇〇年代に米海兵隊内部で研究がはじまり、これを牽引したのが、フランク・ホフマンであり、ジェームズ・マティスであった。ホフマンが、ヴァージニア州クワンティコの米海兵隊総司令部を拠点に、研究生活を送っていたのに対し、マティスは実際に米軍を率いて中東で「テロとの戦い」を繰り広げ、二〇〇八年のジョージア戦争の発生も重なり、これからの将来戦がますますハイブリッドな様相を呈するようになるとマティスは実感していくこととなる。

NATO（北大西洋条約機構）変革連合軍最高司令官を務めたマティスは、来るべき将来戦に備えるにあたり、同盟軍を文字どおり、「変革」しようとしたが、このときのNATOは強い関心を示すことはなかった。

実態はといえば、かつてNATOを揶揄する表現として存在していた「行動なし、話し合いだけ」(No Action, Talk Only) の状態だった。マティスの期待したNATOの「変革」については、二〇一四年のウクライナ危機を待たなければならなかった。

バラク・オバマ政権のアシュトン・カーター国防長官は、ウクライナ危機発生後、すぐさま国防総省に対し、ハイブリッド戦争を駆使するロシアへの対抗戦略を秘密裡に策定することを命じた。そして、ロシア発のハイブリッド戦争に対し、即座に、かつ効果的に対応できるようにするため、陸上部隊、戦車、火砲、装甲兵員輸送車、戦術航空機をNATO同盟国に、より恒久的に近い形で展開するという結論にいたった。(204)

「より恒久的に近い形で」というのは、NATOがロシアと締結した「基本文書」（一九九七年）で、東欧やバルト三国に大規模なNATO軍を恒久的に追加配備しないことを約束していたからである。(205)

カーター国防長官はNATO国防相会議を利用し、同盟国のカウンターパートに、こうした案を披露し、調整を行なった。その結果、二〇一四年九月の英国ウェールズでのNATO首脳会議では、N

ATOが全方向的な脅威から加盟国を守れるよう、NATOの集団防衛を強化する即応性行動計画（RAP）が合意された。これにより、NATO即応部隊（NRF）内に高高度即応任務部隊（VJTF：極めて短時間で展開可能な部隊）を創設することが決定された。

NATO即応部隊（NRF）とは、地球上のあらゆる地域に、命令を受けてから五日以内に、最低三〇日間は展開することを目標に整備されると二〇〇二年一一月のNATOプラハ首脳会議のコミュニケにある。NRFは、陸・海・空や専門の部隊から編成され、ローテーションで任務につく約二万五〇〇〇人規模の統合部隊である。[206]

NATOウェールズ首脳会議は、次回の首脳会議を二年後にポーランドで開催することを確認し、閉幕した。

NATOワルシャワ首脳会議（二〇一六年）

二〇一六年七月に開催されたワルシャワ首脳会議では、前方展開プレゼンス（eFP）の一環で、ポーランドとバルト三国の四か国に多国籍部隊四個大隊（計約四〇〇〇人）を展開させ、米国、英国、カナダ、ドイツがそれぞれリード国となることが決定し、ルーマニアに多国籍旅団を創設することも決まった。米国、英国、カナダ、ドイツなどNATO加盟国の空軍も持ち回りで領空警備活動に参加するなど、バルト海周辺において、NATOも対露軍事態勢の強化に乗り出している。

なぜ、ポーランドやバルト三国かというと、ロシアに近接しているという地理的要因のみならず、歴史に由来する人口構成の要因がある。ソ連解体後の独立以降、ウクライナは中立を掲げてきた（第2章参照）。ウクライナがいかなる同盟システムにも所属しなかったため、ロシアのハイブリッド戦争に敗れたと考えているバルト三国は、「第二のウクライナ」になることを憂慮している。[207]

エストニアとラトビアの主要都市には、ソ連時代の名残から、ロシア系住民が多数居住している。エストニア国内のロシア系住民の八七パーセントがハリュ県（首都タリンを擁する）とイダ＝ヴィル県に、ラトビア国内のロシア系住民の七〇パーセントがリガとラトガレ地方に居住している。ロシアは、バルト三国のロシア系住民に政治的影響力を強める「同胞政策」を推進している。[208]

人口構成上、バルト三国はロシアのハイブリッド戦争の対象になる可能性が高い地域であり、地理的にも、エストニアとラトビアは、ロシアと直接国境を接し、リトアニアはロシアの友好国ベラルーシとロシア領カリーニングラードに挟まれ、ロシアの脅威が及んでいる。

とりわけ、ベラルーシとカリーニングラードの間の約一〇〇キロメートルのスヴァルキ地峡が「リトル・グリーン・メン」と後続のロシア正規軍により制圧されれば、スヴァルキ地峡を通過し、ポーランド方面から駆けつけるＮＡＴＯの増援部隊とバルト三国は分断されてしまう。

最大一〇万人が参加した二〇一七年九月のロシアの大規模軍事演習（Zapad 2017）の際、ＮＡＴＯは同演習が「トロイの木馬」として利用され、スヴァルキに実際に軍事侵攻する可能性を危惧していたほどである。

二〇〇七年のエストニアへのサイバー攻撃以降、バルト三国はロシア発とみられるサイバー攻撃の対象地域となっている。エドガルス・リンケービッチ・ラトビア外務大臣は、二〇一六年以降、ロシアがハイブリッド戦争の一環でラトビアにサイバー攻撃を仕掛けているという。(209) ウクライナ危機の際、リトアニアにも「リトル・グリーン・メン」を歓迎する趣旨の「フェイスブック・グループ」が立ち上がっていた（第2章参照）。

こうしたこともあり、NATOは暫定的ではあるが、東部正面である中東欧を中心に同盟の抑止力を向上させ、ハイブリッド戦争への対抗措置をとっている。

中東欧におけるNATOの軍事プレゼンスには、大きく二つの特徴がある。

第一に、警戒・即応態勢の強化である。これは、ロシアのハイブリッド戦争に参加するため不穏な行動をみせる非国家主体の早期警戒・発見に寄与し、万が一、NATO加盟国領内でハイブリッド戦争が遂行された場合、NATO即応部隊が現場に駆けつけ、現状の固定化や紛争拡大を未然に防ぐことが期待される。

第二に、NATO東部方面の多国籍大隊の存在自体が抑止効果を持つものである。戦略的には「リトル・グリーン・メン」のような非国家主体の攻撃を多国籍大隊が受ければ、部隊が「導火線」（トリップワイアー）の役割を果たし、NATOの集団的自衛権が適用されることになる。

NATO組織の再編

ハイブリッド戦争の時代に適応するため、NATOは組織再編を行なっている。

NATOは、二〇一七年、組織内に同盟のインテリジェンス能力を向上し、ハイブリッド脅威を分析するための「統合情報保全局」(JISD)を設置した。

「統合情報保全局」は、二〇一〇年八月、テロリズム、大量破壊兵器拡散、サイバー防衛、エネルギー安全保障を取り扱うため設置された「新規安全保障課題局」(ESCD)とともに、ハイブリッド戦争に対抗する専門部署となることが期待されている。

二〇一七年秋には、NATOはEUとともに、ヘルシンキに「ハイブリッド脅威対策センター」(Hybrid CoE)を設立し、ハイブリッド戦争に関する研究を進めている。

二〇一七年一一月、トランプ政権の国防長官としてフィンランドを訪問したマティスは、「我々の生きる時代にかなった組織だ」とHybrid CoE設立を称賛した。[210] マティスの目には、ようやくNATOもハイブリッド戦争の時代にあったように「変革」しつつあると映ったことだろう。

二〇一八年のNATOブリュッセル首脳会議で、NATOは、戦略的コミュニケーション、カウンター・インテリジェンス、重要インフラ保護を専門とする文民からなるカウンター・ハイブリッド・サポートチーム(CHST)設立を決定した(第3章参照)。CHSTは、有事の際に活動するほか、加盟国からの要請があれば、平時から当地に派遣されるチームである。[211]

これらは、NATOの進めている取り組みの一部にすぎない。NATOは、大きく文民機構と軍事機構からなっており、それぞれ委員会と事務局を有している。また、作戦連合軍（ACO）と変革連合軍（ACT）という独自の統合軍事機構を有するなど、制度化の度合が高く、世界のほかの同盟と顕著な違いを見せている同盟であり、[212] こうした特徴をフル活用して、NATOはハイブリッド戦争に対抗しようとしている（図4参照）。

［北大西洋理事会（North Atlantic Council：NAC）］ NATOの最高意思決定機関で、同盟のあらゆる問題を審議する。通常は加盟国の代表部大使により週一回開催され、必要に応じて各国首脳レベルや閣僚レベル――外相および国防相――会合が開催される。「NATO首脳会議」や「NATO外相会議」も形式的にはすべて北大西洋理事会。評決方法は全会一致。二〇一九年五月、はじめて国家安全保障担当補佐官レベルの会合が開催された。これは全政府的（whole-of-government）アプローチの実践例である。

［事務総長と事務局］ NATO事務総長は北大西洋理事会議長を兼ねる。事務局は、正式には国際事務局（International Staff：IS）と呼ばれ、事務総長の下で北大西洋理事会を支援。国際事務局傘下には、NATOの意思決定およびその履行に関する行政的支援および助言を提供するための複数の局

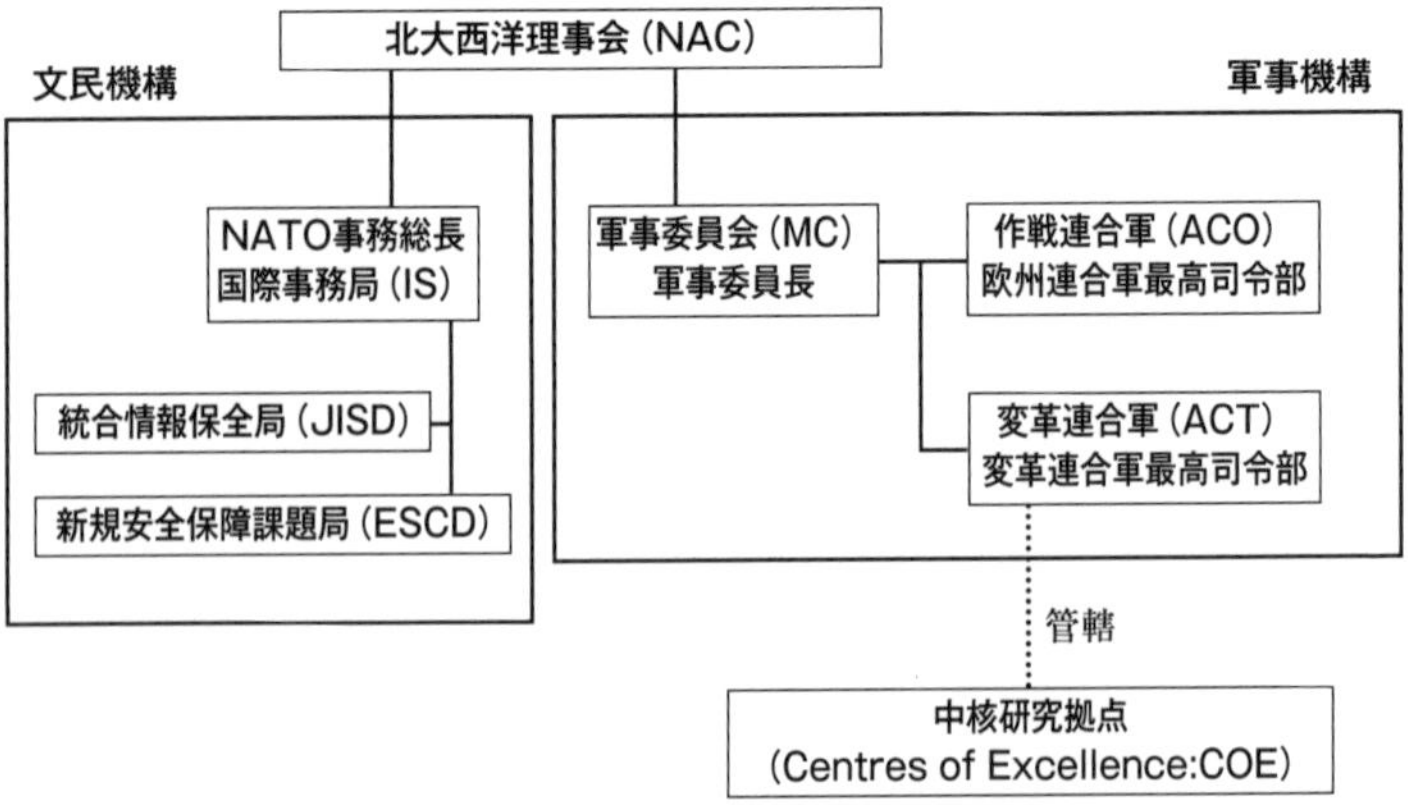

図4 ハイブリッド戦争に関連するNATOの組織図（筆者作成）

が設置されている。ハイブリッド戦争に関連するものとしては、統合情報保全局（JISD）、新規安全保障課題局（ESCD）がある。

［軍事委員会（Military Committee：MC）］ 北大西洋理事会の政治的統制の下で、軍事的な諸課題の助言や勧告を行なう。加盟各国の軍事代表から構成されているが、必要に応じて各国の参謀総長レベルの会合が行なわれる。

［統合軍事機構］ 軍事委員会を通じてNATOは独自の統合軍事機構を有している。作戦連合軍（Allied Command Operation：ACO）は、NATOの作戦に関する唯一の指揮機構で、米国の将軍（大将）が、欧州連合軍最高司令官（米欧州軍司令官を兼務）として、指揮権を掌握。変革連合軍（Allied Command

Transformation：ACT）は、NATOの変革を担う研究・開発・教育・訓練を行なう。研究・開発センター、各種教育訓練センターを管轄。ACTが監督する中核研究拠点（Centres of Excellence：COE）が数多く存在する。

中核研究拠点（COE）は、NATOが直面する特定課題を研究し、その成果を加盟国やパートナー国に普及することを目的としている。ハイブリッド戦争に関連するものとしては、エストニア・タリンのサイバー防衛協力センター（CCDCOE）、ラトビア・リガの戦略的コミュニケーション研究拠点（Strat Com）、リトアニア・ヴィリニュスのエネルギー安全保障研究拠点（ENESECOE）などがある。

［知識共同体］ ヨーロッパでは、NATOを中心にハイブリッド戦争に関する「知識共同体」が形成されている（図5参照）。「知識共同体」とは「特定の領域の専門性と能力が認められ、政策に有効な権威的主張を行なう専門家のネットワーク」を意味し、冷戦期の核問題、冷戦後の環境問題などについて、各国政府や国際機関に大きな影響力を与えてきたことで知られる。

Hybrid CoEをはじめとする中核研究拠点（COE）は、各国の大学やシンクタンクの研究者を定期的に招聘し、国際会議を開催するほか、二〇一六年以降には、クロアチアの首都ザグレブでハイブリッド戦争に関する年次国際会議が開催され、NATOやEU、民間の研究者の交流の場となってい

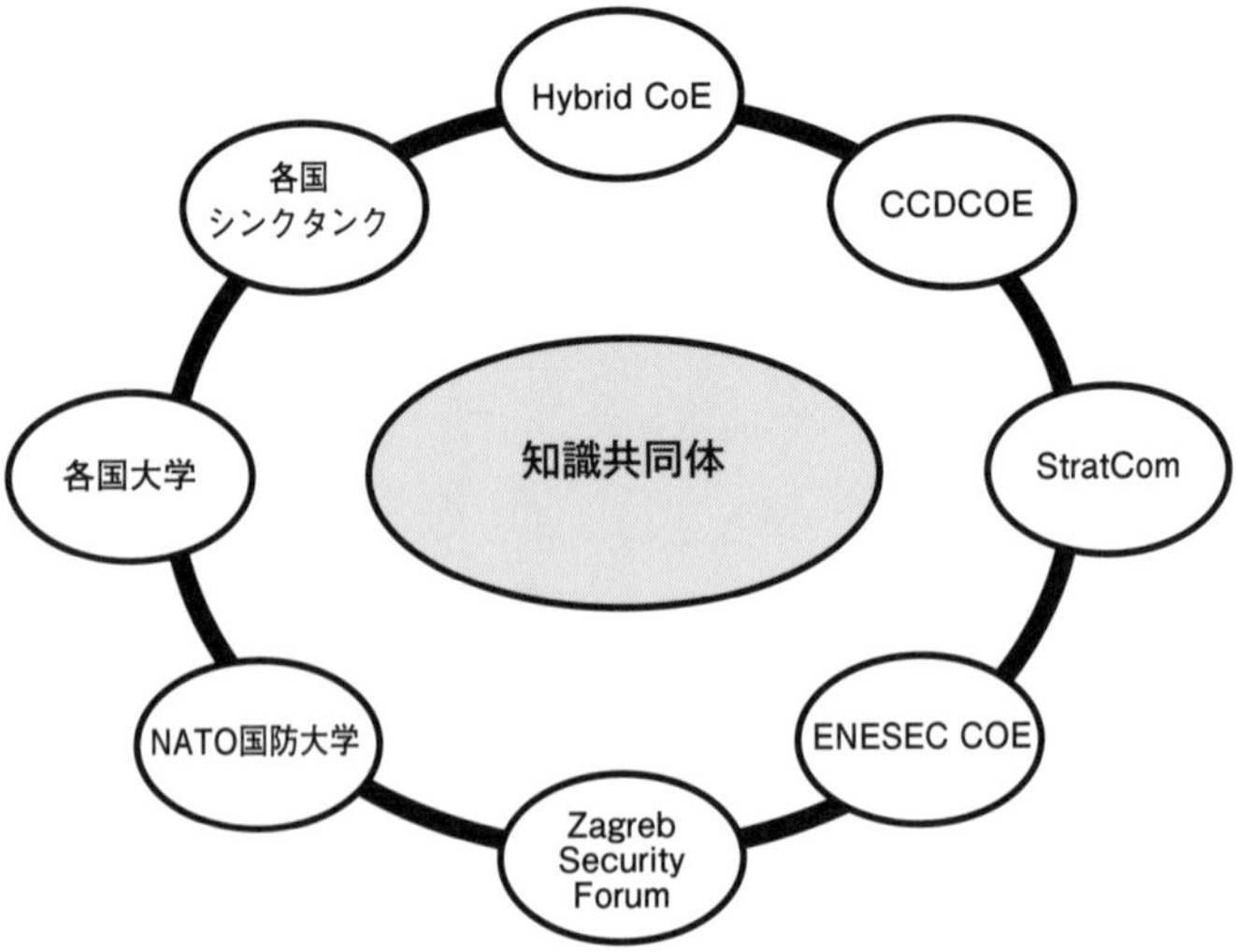

図5 ハイブリッド戦争に関する「知識共同体」（筆者作成）

る。

ハイブリッド戦争研究それ自体は、二〇〇〇年代に米国ではじまったが、いまではヨーロッパがハイブリッド戦争研究の最先端を走っているのだ。

二〇二〇年の新型コロナウイルスの世界的感染拡大により、米国のみならず、ヨーロッパでも多くの人命が失われた。コロナ対策として、ヨーロッパの各都市では、ロックダウンが行なわれ、各国間のヒトの往来も、厳しく制限されるようになった。

ＮＡＴＯ加盟国は物理的にも心理的にも分断され、中国やロシア発のコロナ関連の偽情報キャンペーンも各地で展開された。こうした困難のなかにあっても、ＮＡＴＯはハイブリッド脅威への対抗の手をゆるめることはなく、同盟の結束を常に確認している。

困難な時代にあって、NATOは「行動なし、話し合いだけ」の状態から「決して一人ではない、我らは一つ」(Never Alone, Together as One)を標榜する同盟へと変貌をとげている。[213]

第二節　同盟の信頼性

ハイブリッド戦争と法的グレーゾーン

このようにNATOは、ハイブリッド戦争に対し、どう備え、どう抑止し、そして抑止が失敗してハイブリッド戦争が実際に発生した場合にどう対処すればよいかという難題に取り組んでいるわけだが、これが一筋縄ではいかない。

なぜなら、ハイブリッド戦争は国連憲章が想定していない紛争形態であるからだ。

第1章で述べたように、そもそも一九四五年の国連憲章では、紛争の平和的解決が規定され(二条三項)、「すべての加盟国は、その国際関係において、武力による威嚇又は武力の行使をいかなる国の領土保全又は政治的独立に対するものも、また、国際連合の目的と両立しない他のいかなる方法によるものも慎まなければならない」とする武力不行使原則が盛り込まれている(二条四項)。また集団安全保障（四二条）と自衛権（五一条）が、「武力行使の例外」として規定され、「戦争」は「国際社会の規範逸脱者によって始められる戦争」と「国際社会全体の対応策としての戦争」とに区別されるようになった。

それでは「リトル・グリーン・メン」のような、国家主体の関与が曖昧な非国家主体による他国での戦闘・暴力行為は、国連憲章が規定する自衛権発動の対象になるのだろうか。

ハイブリッド戦争は「侵略」に該当するか？

「リトル・グリーン・メン」と後続展開したロシア軍によるウクライナへのハイブリッド戦争は、国際法的にはどのように評価できるのだろうか。カレル大学（チェコ）のベロニカ・ビルコヴァによれば、ウクライナ領内に「リトル・グリーン・メン」を展開させたことは、国連憲章二条四項に違反しており、国連決議三三一四（侵略の定義に関する決議）がいう「侵略」、すなわち「一国の軍隊による他国の領域に対する侵略若しくは、攻撃、一時的なものであってもかかる侵入若しくは攻撃の結果もたらせられる軍事占領、又は武力の行使による他国の全部若しくは一部の併合」としての「侵略」に該当する（三条（a））。クリミア併合後、プーチン大統領が認めたように「リトル・グリーン・メン」の一部にはロシア正規軍も加わっていた。ウクライナの領土保全を侵害する作戦にロシア軍が参加していたとすれば、「一国の軍隊による他国の領域に対する侵略」に該当する。[214]

ハイブリッド戦争は自衛権の発動対象か？

ここで次の問題が出てくる。それは、こうした侵略や武力行使に対し、自衛権を発動できるかという問題である。一九八六年のニカラグア事件本案判決で、ＩＣＪ（国際司法裁判所）は「武力行使の最も重大で危険な形式」が武力攻撃に相当するとしたが、ＩＣＪ基準から考えれば、烈度の低かったクリミアでのオペレーションが武力攻撃に該当するとは言いがたい。

クリミア併合完了（二〇一四年三月一八日）まで、ウクライナの首都キエフを中心に、親ＥＵ派市民（ユーロ・マイダン運動）とウクライナ政府の間で暴力行為は多発しており、混乱のなかで死傷する者も少なからずいた。「リトル・グリーン・メン」が出現したあとのクリミア半島における威嚇射撃などの例はあったが、烈度の高い大規模な戦闘行為はクリミア半島では起こっていない。

プーチン大統領の次の発言は示唆的である。「歴史を振り返ったときに、一発の弾丸が発射されることもなく、一人の犠牲者も出さずに行なわれた介入の唯一の事例を、わたしは思い出すことができません」(215)。

ハイブリッド戦争に参加する非国家主体に正規軍要員が参加していれば、国際法上の「侵略」に該当する。ところが「侵略」に抗するための自衛権を発動できるかといえば、ＩＣＪ基準から考えると、ハイブリッド戦争の烈度が低ければ、自衛権の発動対象とは言い切れないという法的課題があるのである。

国際法の集積理論（accumulation of events）を持ち出し、ハイブリッド戦争に対する自衛権発動は可能だとする論者もいる。国際法学者の間でも論争的であるが、集積理論とは、国境付近の小競り合いやテロ活動などの「低水準紛争状態」が繰り返し行なわれて集積すれば、「武力攻撃」とみなされて自衛権の発動が正当化されるという理論である。[216]

実際にイスラエル軍は、集積理論を根拠に、シリア空爆（一九六四年一一月）、レバノン空爆（一九七〇年五月・一九七二年六月）、ガザ地区（二〇〇二年）、第二次レバノン戦争（二〇〇六年）に際し自衛権を行使した。

パリ第二大学のフィリップ・ボウ・ナデルは、集積理論を引き合いに、大規模な反政府プロパガンダをともなうサイバー攻撃、武装勢力の動員、経済的圧力の組み合わせによるハイブリッド戦争は「武力攻撃」に相当するから、自衛権の発動は可能であるとしている。

ナデルは、NATO加盟国のバルト三国は、集積理論に基づくハイブリッド戦争に対抗する軍事ドクトリンを策定するべきであるが、NATO全体としての策定は控えるべきと提言する。なぜならば、かりにNATOの軍事ドクトリンとして集積理論が採用されると、トルコのような国が集積理論を持ち出し、トルコの敵対勢力であるシリア、イラク、イラン国内のクルド人やアルメニア、キプロスなどの周辺諸国に対し自衛権を発動し、軍事行動を行なう可能性も否定できず、そうなればNATOの南東正面の安全保障環境が不安定化するからである。[217]

こうした難しさがあることから、ハイブリッド戦争に対する自衛権発動のための理論的根拠を与える集積理論は、NATO全体では議論されてはいない。

ロシアの行動は国際法的に妥当か?

ロシアは、冷戦後に西側諸国が他国への軍事介入の根拠としてきた言説を持ち出し、ロシアの行動の正当化を試みた。「そっちはどうなんだ主義」(Whataboutism)の極みである。

二〇一四年三月一日、プーチン大統領はウクライナ領内へのロシア軍の展開を決定したが、その後のロシアの法的言説のなかにも、ハイブリッド戦争に関する法的課題が存在する。

プーチン大統領は「クリミア半島のロシア系住民の保護」を理由に、ロシア軍の派遣を決定した。国外の自国民保護のための武力行使(個別的自衛権発動)が合法かどうか、また集団安全保障(国連憲章四二条)、自衛権(五一条)に次ぐ「三番目の武力行使の例外」と捉えられるかどうかについては、学術的に決着していない。(218)

また、ロシア軍のウクライナへの派遣は「招請による介入」(intervention by invitation)によるものであると、ロシアが主張したこともある。国際法上、「招請による介入」は「合法」と考えられている。たしかにクリミア自治共和国のセルゲイ・アクショーノフ首相やウクライナのビクトル・ヤヌコビッチ大統領は、プーチン大統領に対して、ウクライナ領内へのロシア軍派遣を要請していた。

ところが、外国軍の招請は「最高の政府機関」によって行なわれる必要があり、地方行政府の長であるアクショーノフ首相は、これに該当しない。ユーロ・マイダン運動によって内政が混乱していた二〇一四年二月二二日に、ロシアへ逃亡していたヤヌコビッチ大統領に「統治の正当性」があったかも疑わしい。

さらに、ウクライナ憲法によれば、「他国の軍組織のウクライナ領内での活動を許可する決議」は、大統領ではなく、ウクライナ最高議会（国会に相当）の権限であるため、「招請による介入」は国際法上「違法」でなくとも、ウクライナの国内法に照らせば、法的に妥当とはいえない。(219)「人道的介入」あるいは「保護する責任」という言説を用いて、ロシアはクリミア派兵を正当化したこともある。「人道的介入」とは、一九九九年三月、ＮＡＴＯがセルビアに対する空爆を行なった際に注目された概念である。

ＮＡＴＯは、コソボ自治州におけるアルバニア系住民に対する虐殺を止めることを目的にする自らの空爆を「人道的介入」として正当化した。国連安保理決議のない状態でのＮＡＴＯの空爆をめぐり、国際法学者の間で大論争を呼んだが、「人道的介入」は「違法だが正当」とされた。

「保護する責任」については、二〇〇五年の国連首脳会合成果文書によれば、ジェノサイド、戦争犯罪、民族浄化、人道に対する罪からその国の人々を国家が「保護する責任」を負うという。その手段は、まずは平和的手段（国連憲章六章および八章）で、それが不十分である場合には軍事的措置がとられる（四二条および四三条）。

ところが、クリミア半島におけるロシア系住民に対するウクライナ政府による重大な人権侵害は実際には報告されていなかった。そもそも、そうした存在しない人権侵害を解消するために、ロシアは初期の段階で平和的手段を講じてもいない。さらにロシアの主張する「人道的介入」は、秩序の回復と呼ぶものにはほど遠く、クリミア半島をウクライナ本土から分離する攻撃的かつ現状変更的なものだった。[220]

すでに述べたように、そもそも「人道的介入」自体が、その合法性をめぐって論争的である。このように、ロシアの遂行したハイブリッド戦争には、国連憲章体制下の、いわば法的グレーゾーンを積極的に衝いてきたこともあり、ロシアの行動に対する合法的な反撃措置を、ウクライナ政府のみならず国際社会全体が講じることができなかった。

第1章でふれたように、ハイブリッド戦争そのものをめぐっては、新しい脅威ではないとする論者も少なからずいる。ところが、国際法の解釈をめぐる「法律戦」の側面もあるハイブリッド戦争は、国連憲章体制の下で生きる我々にとって、「新しい脅威」というほかに、いったいどう評価できるのだろうか。[221]

同盟の信頼性をためす中露の「探り」

このような法的課題をも有するハイブリッド戦争は、NATOにとっては、同盟の信頼性という観点から死活問題である。というのも、ハイブリッド戦争が自衛権を発動する対象であると一〇〇パーセント言い切れない状況にあっては、同盟がハイブリッド戦争に抗するための集団的自衛権を発動するのをためらう可能性があるからだ。これは、同盟全体にとっては「同盟の死」をも意味する。(222)

二〇一八年七月、NATOブリュッセル首脳会議で、「我々の国家安全保障や法に基づく国際秩序が挑戦を受けている時期に、我ら北大西洋同盟の二九の加盟国首脳はブリュッセルに参集した」(第一パラグラフ)という一節からはじまる「ブリュッセル宣言」が採択された。同宣言の第二一パラグラフでは、北大西洋条約第五条で規定した集団的自衛権がハイブリッド戦争にも適用されることが、NATO史上はじめて言明されることになった。

たしかに、NATOワルシャワ首脳会議(二〇一六年)でも、ハイブリッド戦争と集団的自衛権の関連については触れられているものの、以下の文言にあるように、その姿勢はあいまいだった。「ブリュッセル宣言」(二〇一八年)と比較すると、違いがよくわかる。

ワルシャワ(二〇一六年):同盟および同盟国は、集団防衛の一環として、ハイブリッド戦争に備えるつもりである。理事会(筆者註:北大西洋理事会)は、ワシントン条約(筆者註:

北大西洋条約）第五条を発動する場合もある。（The Alliance and Allies will be prepared to counter hybrid warfare as part of collective defence. The Council could decide to invoke Article 5 of the Washington Treaty.）第七二パラグラフ。[223]

※ハイブリッド戦争と北大西洋条約第五条の文言がそれぞれ書かれた文章が、一文にまとめられていないことに注意。

ブリュッセル（二〇一八年）：ハイブリッド戦争に際しては、武力攻撃事態と同様に、理事会はワシントン条約第五条を発動する場合もある。（In cases of hybrid warfare, the Council could decide to invoke Article 5 of the Washington Treaty, as in the case of armed attack.）第二一パラグラフ。[224]

ハイブリッド戦争と集団的自衛権に関する、こうした「宣言政策」は、もちろんロシアへの「牽制球」の意味合いが強い。だが、それ以外にも「加盟国を攻撃対象にしたハイブリッド戦争が実際に発生したら、北大西洋条約第五条は発動されるのか」という同盟の信頼性低下を危惧するＮＡＴＯ加盟国に対する「安心供与」という内向きの論理もある。[225]

ヤクブ・グリギエルとＡ・ウェス・ミッチェルは、「探り」（プロービング）という概念を生み出した。「探り」とは「敵対国のパワーと、当該地域における安全と影響力を維持する意志を測定することを狙いとした、低強度かつ低リスクの試験的な行動」を意味する。

グリギエルとミッチェルが指摘するように、米国主導の同盟システムの信頼性の強度を測定するため、中国やロシアが「探り」を入れるため、ハイブリッド戦争を米国主導の同盟システムに仕掛けてくることは、あながち非現実的なシナリオとはいえない。(226)

第三節　日本の針路

日米同盟の強化と防衛力整備

本書の議論を振り返れば、NATOとロシアはヨーロッパというリージョナル・レベルで、米国と中国はグローバル・レベルで、ハイブリッド戦争の渦中にあることがわかる。

大国間競争が熾烈となれば、ハイブリッド戦争という手法がとられる可能性が増加する。ハイブリッド戦争発生の背景には、国際政治学のリアリズムが想定するパワー・ポリティクスの実態があるのである。

本書でみてきた多くの事例からわかることは、中露（ランドパワー）と米国（シーパワー）の利害が衝突するユーラシア大陸の外延部・リムランドで、ハイブリッド戦争が頻発することである。

日本はリムランドに属している。日本はすでに大国間競争時代のハイブリッド戦争の当事者である。

それでは、日本はハイブリッド戦争の時代を生きるにあたり、どのような針路をとるべきだろうか。日本に残された時間はあまりない。現在、日本が持っている政治的・外交的資源（リソース）を最大限に活かし、ハイブリッド戦争の時代を生き抜くため、最低でも、以下の針路をとるべきだと、筆者は考えている。

第一に、日米同盟の重要性を再認識することである。本章第一節でみたように、NATOに加盟するバルト三国は、米国と同盟関係になかったウクライナが、ロシアのハイブリッド戦争の戦場になったという教訓から、NATOの集団防衛態勢に貢献している。

冷徹な物の見方ではあるが、日本はウクライナとは異なり、米国と同盟関係にあることから、ハイブリッド戦争への対抗という点でいえば、日米同盟をアドバンテージとして活用すべきであろう。

この意味で、二〇二〇年七月、米国のシンクタンクNBR（全米アジア研究所）が発表した報告書で書かれた提言にある「日米統合機動展開部隊」の尖閣周辺への常設案は、[227] バルト三国とポーランドに展開するNATO多国籍大隊と同様の抑止効果を持つことが期待される。

第二に、日本単独でも防衛力を整備することである。すでに陸上自衛隊が日本の南西防衛のための「水陸機動団」を新設（二〇一八年）しているが、このこともハイブリッド戦争への対抗上、即応態勢強化に乗り出しているＮＡＴＯの動向と照らせば理にかなった動きである。

筆者は、定期的に防衛省・自衛隊関係者と意見交換する機会を得ているが、自衛隊がハイブリッド戦争を今後の紛争形態の一種と捉えたうえで部隊内教育を行なっていることを関知している。こうした動きは、実に頼もしい。

今後は、本書第１章で詳細に考えたように、日本の防衛当局者も、ハイブリッド戦争という用語を用いるに際しては、用語の定義に慎重になりながら、防衛力整備や将来戦構想に取り組む必要があろう。

ＮＡＴＯとの連携を強化

第三に、自由・民主主義という価値観を共有するパートナー諸国と外交・安全保障上の連携を強化していくことである。これには対米政策の一面もある。というのも、前節末尾で紹介したグリギエルとミッチェルが指摘するように、「大国間取引」（グランド・バーゲン）が起きてしまうと、ハイブリッド戦争のような低烈度の「探り」の行動が頻発することが予想されるからである。

「大国間取引」とは、米国にあてはめて考えてみれば、気候変動、核軍縮、「テロとの戦い」などのグローバル・イシューズ（地球的問題群）に取り組むため、国連安保理常任理事国であり核保有国でもある中国やロシアと協調し、日本やＮＡＴＯなどの同盟国を軽視する動きを意味する。

最近の事例では、オバマ政権期の「米露リセット」や「米中戦略的再保証」などが挙げられる。また、米国社会の再建に資源（リソース）を振り向ける動きも「大国間取引」への誘因の一つとなる。[228]「はじめに」でもみたように、二〇二一年以降の米国の政治社会の分断は深刻であり、今後、米国が「大国間取引」へと振り切れる可能性も否定できない。

そうしたなかにあって、日本は自由・民主主義という価値観を共有するパートナー諸国と連携を強化することが必要となってくる。安倍晋三前首相が提唱したFOIP（自由で開かれたインド太平洋構想：旧戦略）の下、日本、米国、インド、オーストラリアの四か国からなる、通称「クアッド」の枠組みを継続・発展させていくことが、何よりも重要となろう。[229]

EU（欧州連合）離脱後の英国を、TPP（環太平洋経済連携協定）やFOIPに招き入れる動きがあるが、これもまた望ましい動きである。

第四に、NATOとの連携も、ハイブリッド戦争への対抗上、決定的に重要となってくる。本書のいたるところで指摘したように、NATOはハイブリッド戦争研究の最先端を走っている。

実は、日本は第二次安倍政権のときに、NATOとの連携を着実に強化している。二〇一八年七月、NATO日本政府代表部が開設された。二〇一九年には、海上自衛隊一等海佐の女性自衛官がNATO事務総長特別代表（女性・平和・安全保障担当）を兼務し、防衛研究所の主任研究官一名がサイバーに関するNATOの研究拠点CCDCOEに派遣されている。また、二〇一八年には、海上自衛隊とNATO海軍がバルト海で合同演習を行ない、二〇一九年には、防衛省・自衛隊が、NATOのサイバー演習に参加した。

これらの動きは、安倍政権のNATO外交を着実に遂行しているものであることは、あまり知られていない。二〇一三年四月、アナス・フォー・ラスムセン前NATO事務総長が訪日し、ここで安倍首相は、駐ベルギー大使をNATO日本代表に任命することで合意していた。二〇一四年五月と二〇一七年七月にNATO本部を訪問した安倍前首相は、NATO本部への女性職員派遣や海洋安全保障、サイバーなどの分野での関係強化の加速でNATO側と一致していたのである。

外務省資料「北大西洋条約機構（NATO）について」（令和二年三月外務省欧州局政策課）によると、日本はNATOと知見の共有を推進していくとのことである。今後は、本章で示したハイブリッド戦争に関するヨーロッパの「知識共同体」（一六〇頁図5参照）の輪のなかに、日本の外交官、防衛当局者、研究者、ジャーナリスト、学生を戦略的に送り込んでいけば、日本におけるハイブリッド戦争研究を世界水準のものと接続することができる。

さらに、ハイブリッド戦争の発生ポイントであるリムランドに位置するバルト三国やポーランドといった中東欧諸国との外交関係強化も一考である。米国の同盟国でありながら、中露（ランドパワー）発のハイブリッド戦争の脅威に直面している中東欧諸国と日本が、お互いの抱える課題の共通点を見いだし、その対処法をともに模索するというのも、今後の日本外交の創造性を高めることにつながることだろう。

これもまた、あまり知られていないが、二〇一八年の日本外交は、安倍前首相のバルト三国、ブルガリア、セルビア、ルーマニア歴訪（一月一二日〜一七日）ではじまった。ブルガリアとセルビア訪問中、安倍首相が西バルカン協力を推進するため、西バルカン担当大使を新設することを発表している。この西バルカン担当大使ポストを中心に、日本と中東欧諸国とのインテリジェンス面を含めた外交・防衛関係を強化すべきである。

こうした日本との連携強化は、実はＮＡＴＯも望んでいる。

ハイブリッド戦争の脅威は続く

一九七九年の米中国交正常化の立役者だったカーター政権の大統領補佐官ズビグニュー・ブレジンスキーを父にもつイアン・ブレジンスキーは、包括的なＮＡＴＯの中国戦略（チャイナ・ストラテジー）の策定、ＮＡＴＯ・ロシア理事会のような「ＮＡＴＯ・中国理事会」の創設、同じ価値観を共有するインド太平洋のパートナー諸国との連携強化を提唱している。[230]

序章で紹介した米欧の安全保障専門家がＮＡＴＯに対し提言を行なった報告書『ＮＡＴＯ２０３０――新時代に向けた結束』（二〇二〇年一一月二五日）のなかでは、インド太平洋のパートナー諸国とＮＡＴＯの連携強化の項目で日本の名前が挙がっている。[231]

ただ、日本が今後、ここに挙げた諸点にそって、歩みを進めたとしても、ハイブリッド戦争に対抗する能力は向上するかもしれないが、その脅威を完全に除去することは到底不可能であることも指摘しなくてはならない。

第1章で紹介したHybrid CoEの定義にもあるように、ヒト・モノ・カネ・情報の自由移動を保障する民主主義国家それ自体がハイブリッド戦争に対して脆弱だからである。

言いかえれば、民主主義それ自体がハイブリッド戦争のターゲットなのである。そうなると、ハイブリッド戦争に対抗するための近道は、民主主義の原則を放棄し、ヒト・モノ・カネ・情報の流れを政府が一元的に管理できる権威主義体制を確立することであるが、そのようなことをしてしまえば、民主主義（米国）と権威主義（中露）の大国間競争の時代にあって、権威主義勢力側の勝利を意味する結果となってしまう。

ここに、従来の安全保障上の課題というだけでなく、民主主義のあり方を根本から問い直すハイブリッド戦争という難題がある。

今から六〇年ほど前、戦後日本を代表する国際政治学者の高坂正堯は、こんなことを書いている。

戦争はおそらく不治の病であるかもしれない。しかし、われわれはそれを治療するために努力しつづけなくてはならないのである。つまり、われわれは懐疑的にならざるをえないが、絶

望してはならない。それは医師と外交官と、そして人間のつとめなのである。(232)

なるほど、ハイブリッド戦争は、大国間競争時代にあっては、不治の病なのかもしれない。民主主義がハイブリッド戦争の脅威に対し脆弱とわかれば、民主主義そのものに懐疑的になることもあるかもしれない。

だが、やはり、絶望してはならないのである。

それはこれからの世界を生きる、わたしたち一人ひとりのつとめである。

おわりに

　ハイブリッド戦争というテーマとの出会いは、ハンガリーのブダペストの街にクリスマス・マーケットの暖かな火が灯り始めた二〇一七年一一月下旬にさかのぼる。当時、日本で冷戦の終結過程についての研究をすすめていた私は、「鉄のカーテン」の「向こう側」だったハンガリーの中央ヨーロッパ大学（CEU）で留学生活を送っていた。CEUは冷戦史に関する世界的な研究拠点の一つだったこともあり、自身の冷戦研究のテーマを深めるべく、留学をしていた。どうせならと、二つ目の修士号を取得するため、一年間――実際は一〇か月――で修了できる政治学部修士課程に在籍していた。

　こうした問題意識があったから、同大学院修了要件である修士論文のテーマは冷戦終結に関する何らかのテーマを扱おうと思っていた。一一月に入り、テーマ選定の時期に来ていた。このとき私は頭を悩ませていた。それは、日本の大学で提出予定の博士論文のテーマと重なるものを、外国の大学の学位論文として執筆することについてであった。実際、これはある意味、楽な方法ではあった。自分に馴染みのあるテーマを外国語で執筆すればいいのだから。だが、こうした安易な考えは持つまでもなかった。

ある言語で公表する、あるいは公表済みの論文を、他の言語で改め学位論文として発表することは、たとえ一言一句違わないものでないとしても、研究倫理違反に該当する。このような愚行など、犯したくはない。

それでは、冷戦終結期ではない冷戦史の領域で新たなテーマを見つけ、そのテーマで学位論文を執筆してはどうだろう。そう考え大学図書館に入り浸っては、文献調査をした。大学所管のオープン・ソサイエティー・アーカイブを訪問し、社会主義体制下の東欧諸国の史料や、冷戦後のユーゴスラビア内戦に関する数々の遺物に触れることもあった。ところが、よいテーマはなかなか思い浮かばない。

やがて転機が訪れた。それは、本書でも登場する二〇一七年一一月二七日、CEUで開催された公開イベント「ウクライナのための、ウクライナにおける戦い」だった。コーヒーを片手に会場に入った。CEUヨーロッパ近隣諸国センター、スロバキア戦略政策研究所、ウクライナのオデッサ大学、ウクライナ外交アカデミー所属の研究者、そして、ハンガリーやウクライナの外交官が多数参加していた。会場を見渡す限り、日本人は私一人だけだった。イベント中、幾度となく登場した一つの言葉、それがハイブリッド戦争だった。

ロシアによるクリミア併合からすでに三年が経過していた。ハイブリッド戦争について、ヨーロッパでは、関係者が熱を帯びながら激論を交わしているにもかかわらず、日本では、同概念は紹介されていたものの、学術研究は未開拓の領域だった。ウクライナの事例を調べれば調べるほど、日本と重なる点が多いことを知った私は、留学中のテーマをハイブリッド戦争に定め、修士論文の執筆に専念した。本書を手に取られることはないであろうが、修士論文の指導教員を務めて下さったTamas Meszerics先生、ウクライナ情勢について私の拙い質問にお答え下さったInna Melnykovska先生にお礼を申し上げる。

ハンガリーから帰国した私は、日本の大学に提出する冷戦終結に関する米国外交をテーマにした博士論文を執筆しながら、ハイブリッド戦争研究も継続した。このテーマを深めれば深めるほど、ハイブリッド戦争が民主主義諸国にとっての安全保障上の脅威であることを痛感する日々が続いた。それまで、日本では、旧ソ連地域研究者やロシアの軍事専門家の手によるハイブリッド戦争の論考が公表されていた。これらの先行研究に学びつつ、国際政治上の新たな脅威としてハイブリッド戦争を一般化する研究を続けた。ハイブリッド戦争を、そうした文脈のなかで捉え直さなければ、日本の外交・安全保障政策を構想することは難しい。そう考えるようになった。

ハイブリッド戦争という概念を一般化するためには、国際政治学、安全保障論はもちろんのこと、国際法や戦略論、危機管理論の視点も盛り込む必要がある。ハイブリッド戦争の研究をすすめていくなかで、特定非営利活動法人「外交政策センター」（ＦＰＣ）、特定非営利活動法人「海外安全・危機管理の会」（ＯＳＣＭＡ）、中央大学国際関係法研究会、日本クラウセヴィッツ学会、国際安全保障学会などで、講演会や研究報告、論文執筆の機会を得た。お声がけくださったＦＰＣ理事長の川上高司先生（安全保障論）、ＯＳＣＭＡ代表理事の菅原出先生（危機管理論）、中央大学国際関係法研究会会長の西海真樹先生（国際法）、日本クラウセヴィッツ学会理事の中島浩貴先生（軍事史）、『国際安全保障』に掲載された拙論に対し査読を担当された匿名の先生方に感謝申し上げる。

また日本の安全保障に資するためのハイブリッド戦争研究を行なうためには、なによりも、現在日本が抱えている安全保障上の課題を正確に認識することが不可欠であった。お名前を挙げることでご迷惑がかかってはならないため、控えさせていただくが、防衛大学校、防衛省・自衛隊の関係者の皆様には、情報交換を含めて、多大なるご高配を賜った。

本書は、私の初めての自著『米国の冷戦終結外交―ジョージ・H・W・ブッシュ政権とドイツ統一』（有信堂、二〇二〇年）から数えて、ちょうど一年後に刊行した二冊目の著作である。二〇二〇年八月から二〇二一年三月にかけて、メルマガ「軍事情報」の連載がなければ、こうした形で二冊目を世に送り出すことは不可能だった。メルマガ発行人の「エンリケ」さん、そして、私の連載を毎週講読くださり、時折、鋭い質問を投げかけてくださった読者の皆様に心からお礼を申し上げたい。さらに、本書の企画から刊行まで全面的に協力してくださった並木書房編集部にも心からの謝意を表明したい。

本書に関わる調査の一部に、CEUブダペスト財団、科学研究費助成事業（20K13429、20H01471）のご支援を賜ったことを付記しておく。

ところで、本書は、ハイブリッド戦争という切り口から、期せずして、トランプ政権期の大国間競争を描いた内容にもなっている。トランプ前大統領を「同盟軽視」と揶揄し、バイデン現大統領を「同盟重視」と指摘する「国際政治学者」や「米国政治専門家」は少なくないが、本書を読めばわかるように、米国外交の影響力が十分及ばず、ランドパワー（中露）発のハイブリッド戦争の脅威を感じていたリムランドにある同盟国への政治的・軍事的コミットメントを強めていたのは、他ならぬ、トランプ前政権であった。また、トランプ政権期に動揺した米欧関係は、バイデン政権で回復するという「解説」も随所である。こうした「解説」が想定している「欧」とは、ほとんどの場合、英国、フランス、ドイツという西欧の大国である。だが、「欧」とは中東欧の無数の小国も含めて「欧」なのである。最若手研究者である私ごときがいうまでもないことだが、学会の権威や時代の空気におもねることなく、現実を現実のものとして捉える研究を進めていきたいものである。

若手研究者を取り巻く環境は、おそらく社会が知り得ているものよりもはるかに過酷なものである。こうした状況のなかでも、私が研究を続けてこられたのも、ひとえに家族の支えがあったからである。数年おきに横浜、ワシントンDC、ブダペスト、多摩、そして沖縄へと居住先を転々とする私に、いやな顔を何一つ見せることなく、むしろ、全面的に応援をしてくれた実家の両親と兄、義父母、そして、いつも隣にいてくれる妻への感謝の気持ちを記しながら、筆をおくことにしたい。

令和三年三月二六日

志田淳二郎

脚　注

序章

（1）『国家安全保障戦略』（二〇一七年一二月一八日）、『国家防衛戦略』（二〇一八年一月一九日）、『一般教書演説』（同年一月三〇日）、『核態勢の見直し』（同年二月二日）。

（2）Junjiro Shida, "Parallel Deal with North Korea? Lessons from Ukraine", *North Korean Review Online Blog*, (March 2019).

（3）Department of Defense, "Summary of the 2018 National Defense Strategy of the United States of America: Sharpening the American Military's Competitive Edge", (January 2018), pp.2-3.

（4）Jyri Raitasalo, "America's Constant State of Hybrid War", *The National Interest*, (March 21, 2019).

（5）Reflection Group Appointed by the NATO Secretary General, "NATO 2030: United for a New Era", (November 25, 2020), pp.16-17.

（6）防衛省『防衛白書』（二〇二〇年八月一日）四一頁。

（7）Ross Babbage (ed.), *Stealing A March: Chinese Hybrid Warfare in the Indo-Pacific: Issues and Options for Allied Defense Planners, Volume II: Case Studies* (Washington D.C.: Center for Strategic and Budgetary Assessments, 2019), pp.2-3.

（8）William J. Nemeth, *Future War and Chechnya: A Case for Hybrid Warfare* (Monterey: Naval Postgraduate School, 2002).

（9）Brin Najžer, *The Hybrid Age: International Security in the Era of Hybrid Warfare* (New York: I.B.Tauris, 2020), pp.25-26.

（10）廣瀬陽子『コーカサス―国際関係の十字路』（集英社新書、二〇〇八年）七四-八四頁。

（11）James Mattis & Frank Hoffman, "Future Warfare: The Rise of Hybrid Wars", *U.S. Naval Institute Proceedings*, (November 2005).

（12）Frank G. Hoffman, *Conflict in the 21st Century: The Rise of the Hybrid Wars* (Virginia: Potomac Institute for Policy Studies,

December 2007).

(13) Frank J. Cilluffo & Joseph R. Clark, "Thinking about Strategic Hybrid Threats: In Theory and Practice", *PRISM,* Vol.4, No.1, 2012, pp.46-63.

(14) Michael Aaronson, Sverre Diessen, Yves De Kermabon, Mary Beth Long, & Michael Miklaucic, "NATO Countering the Hybrid Threat", *PRISM,* Vol.2, No.4, 2011, pp.111-124.

(15) Williamson Murray & Peter R. Mansoor (eds), *Hybrid Warfare: Fighting Complex Opponents from the Ancient World to the Present* (New York: Cambridge University Press, 2012).

(16) ①Nastian Giegerich, "Hybrid Warfare and the Changing Character of Conflict", *Connections,* Vol.15, No.2, (Spring 2016), pp.65-72.

②Gjorgji Veljovski, Nenad Taneski & Metodija Dojchinovski, "The Danger of 'Hybrid Warfare' from a Sophisticated Adversary", *Defense & Security Analysis,* Vol.33, No.4, 2017, pp.292-307.

③Nicholas Barber, "A Warning from the Crimea: Hybrid Warfare and the Challenge for the ADF", *Australian Defence Force Journal,* No.201, 2017, pp.46-58.

④Laura-Maria Herta, "Hybrid Warfare: A Form of Asymmetric Conflict", *International Conference Knowledge-based Organ ization,* Vol.23, No.1, (January 2017), pp.135-143.

⑤Seam Monaghan, "Countering Hybrid Warfare", *PRISM,* Vol.8, No.2, 2019, pp.82-99.

⑥Jan Almäng, "War, Vagueness and Hybrid War", *Defence Studies,* Vol.19, No.2, 2019, pp.189-204.

⑦Johann Schmid, "Hybrid Warfare on the Ukrainian Battlefield: Developing Theory Based on Empirical Evidence", *Journal on Baltic Security,* Vol.5, No.1, 2019, pp.5-15.

⑧Najžer, *The Hybrid Age.*

(17) ①Michael Rühle & Julijus Grubliauskas, "Energy as a Tool of Hybrid Warfare", *Research Paper,* No.113, (April 2015), pp.1-8.
②Duane Verner, Agnia Grigas, & Frederic Petit, *Assessing Energy Dependency on the Age of Hybrid Threats* (Helsinki: Hybrid CoE, 2019).

(18) ①Sascha Dov Bachmann & Hakan Gunneriusson, "Russia's Hybrid Warfare in the East: Using the Information Sphere as Integral to Hybrid Warfare", *Georgetown Journal of International Affairs,* No.16, (June 2015), pp.198-211.
②Jarno Limnell, "The Exploitation of Cyber Domain as Part of Warfare: Russo-Ukrainian War", *International Journal of Cyber-Security and Digital Forensics,* Vol.4, No.4, (December 2015), pp.521-532.
③Yuriy Danyk, Tamara Maliarchuk, & Chad Briggs, "Hybrid War: High-tech, Information and Cyber Conflicts", *Con nections,* Vol.16, No.2, (Spring 2017), pp.5-24.

(19) ①Jacek Durkalec, "Nuclear-Backed 'Little Green Men': Nuclear Messaging in the Ukraine Crisis", *The Polish Institute of International Affairs Report,* (July 2015), pp.1-38.
②Mark Galeotti, "'Hybrid War' and 'Little Green Men': How It Works, and How It Doesn't", *E-International Relations,* (April 16, 2015), pp.1-5.
③Joshua P. Mulford, "Non-State Actors in the Russo-Ukrainian War", *Connections,* Vol.15, No.2, (Spring 2016), pp.89-107.

(20) ①Sascha Dov Bachmann & Andres B. Munoz Mosquera, "Lawfare and Hybrid Warfare: How Russia is Using the Law as a Weapon", *Amicus Curiae,* No.102, (Summer 2015), pp.25-28.
②Veronika Bilkova, "The Use of Force by the Russian Federation in Crimea", *Zeitschrift für ausländisches öffentliches Recht und Völkerrecht,* Vol.75, No.1, 2015, pp.27-50.
③Krzysztof Parulski, "Legal Aspect of Hybrid Warfare in Ukraine", *Zeszyty Naukowe AON,* nr 4 (105), 2016, pp.5-27.
④Sascha Dov Bachmann & Andres B. Munoz Mosquera, "Lawfare in Hybrid Wars: the 21st Century Warfare", *Journal*

of International Humanitarian Legal Studies, No.7, 2016, pp.63-87.

⑤René Värk, "Legal Element of Russia's Hybrid Warfare", *ENDC Occasional Papers,* Vol.6, 2017, pp.45-51.

⑥Philippe Bou Nader, "The Baltic States Should Adopt the Self-defence Pinpricks Doctrine: The 'Accumulation of Events' Threshold as a Deterrent to Russian Hybrid Warfare", *Journal on Baltics Security,* Vol.3, No.1, 2017, pp.11-24.

（21） Mitchell A. Orenstein, *The Lands in Between: Russia vs. the West and the New Politics of Hybrid War* (Oxford: Oxford University Press, 2019).

（22） Ondrej Filipec, "Hybrid Warfare: Between Realism, Liberalism and Constructivism", *Central European Journal of Politics,* Vol.5, No.2, 2019, pp.52-70.

同様の研究に以下がある。 Laura Maria Herta, "Russia's Hybrid Warfare: Why Narratives and Ideational Factors Play a Role in International Politics", *On-line Journal Modelling the New Europe,* No.21, (January 2016), pp.52-76.

（23） Alexander Lanoszka, "Russian Hybrid Warfare and Extended Deterrence in Eastern Europe", *International Affairs,* Vol.92, No.1, 2016, pp.175-195.

（24） ①Oscar Jonsson & Robert Seely, "Russian Full-Spectrum Conflict: An Appraisal After Ukraine", *The Journal of Slavic Military Studies,* Vol.28, No.1, (March 2015), pp.1-22.

②Nicolas Bouchet, "Russia's "Militarization" of Colour Revolutions", *Policy Perspectives,* Vol.4, No.2, (January 2016), pp.1-4.

③James K. Wither, "Making Sense of Hybrid Warfare", *Connections,* Vol.15, No.2, (Spring 2016), pp.73-87.

④Miroslaw Banasik, "A Changing Security Paradigm. New Roles for New Actors: The Russian Approach", *Connections,* Vol.15, No.4, (Fall 2016), pp.31-43.

⑤Steve Abrams, "Beyond Propaganda: Soviet Active Measures in Putin's Russia", *Connections,* Vol.15, No.1, (Winter 2016), pp.5-31.

⑥Bettina Renz, "Russia and 'Hybrid Warfare'", *Contemporary Politics*, Vol.22, No.3, 2016, pp.283-300.
⑦Taras Kuzio & Paul D'aniri, "The Soviet Origins of Russian Hybrid Warfare", *E-International Relations*, (January 17, 2018), pp.124.
⑧Ofer Fridman, *Russian 'Hybrid Warfare': Resurgence and Politiicisation* (London: Hurst & Company, 2018).
⑨Mason Clark, *Russian Hybrid Warfare* (Washington D.C.: Institute for the Study of War, 2020).
⑩廣瀬陽子、小泉悠による一連の研究（巻末文献リストを参照）。

（25）David Takacs, "Ukraine's Deterrence Failure: Lessons for the Baltic States" *Journal on Baltic Security*, Vol.3, No.1, 2017, p.3.

（26）サミュエル・ハンチントン（鈴木主税訳）『文明の衝突』（集英社、一九九八年）第五部「文明の未来」の中の以下を参照。四八〇–四九四頁。

（27）サミュエル・ハンチントン（山本暎子訳）『引き裂かれる世界』（ダイヤモンド社、二〇〇二年）一九頁。

第1章

（28）NUPI Website："NUPI Researchers Brief UN Security Council: Dr. Patrick Cullen and Erik Reichborn-Kjennerud Briefed the UN Security Council on Hybrid War", (March 31, 2017).

（29）カール・フォン・クラウセヴィッツ（清水多吉訳）『戦争論（上）』（中公文庫、二〇〇一年）六七頁。

（30）ジョン・ベイリス／ジェームズ・ウィルツ／コリン・グレイ（石津朋之監訳）『戦略論―現代世界の軍事と戦争』（勁草書房、二〇一二年）一〇五頁。

（31）川村康之「クラウセヴィッツ『戦争論』（一八三二年）」野中郁次郎編『戦略論の名著―孫子、マキアヴェリから現代まで』（中公新書、二〇一三年）六一–六九頁。

（32）ベイリス／ウィルツ／グレイ『戦略論』九〇–九一頁。奥山真司「グレイ『現代の戦略』（一九九九年）」野中郁次郎編『戦略論の名著』一七三–一八九頁。

（33）DamienVan Puyvelde, “Hybrid War: Does It Even Exist?” *NATO Review Magazine,* (July 5, 2015).

（34）コリン・グレイ（奥山真司訳）『戦略の未来』（勁草書房、二〇一八年）一六頁。

（35）Williamson Murray & Peter R. Mansoor, *Hybrid Warfare: Fighting Complex Opponents from the Ancient World to the Present* (New York: Cambridge University Press, 2012), pp.1-17.

（36）エリノア・スローン（奥山真司・平山茂敏訳）『現代の軍事戦略入門〔増補新版〕—陸海空からPKO、サイバー、核、宇宙まで』（芙蓉書房出版、二〇一九年）二〇六頁。

（37）Laura-Maria Herta, “Hybrid Warfare: A Form of Asymmetric Conflict”, *International Conference Knowledge-based Organization,* Vol.23, No.1, (January 2017), pp.135-143.

（38）Mary Kaldor, “In the Defense of New Wars”, *International Journal of Security and Development,* Vol.2, No.1, 2013, p.2.

（39）Herta, “Hybrid Warfare”, pp.138-140.

（40）篠田英朗『国際社会の秩序』（東京大学出版会、二〇〇七年）二二五頁。

（41）Frank G. Hoffman, *Conflict in the 21st Century: The Rise of the Hybrid Wars* (Virginia: Potomac Institute for Policy Studies, December 2007), p.14, pp.35-42.

（42）James Mattis & Bing West, *Call Sign Chaos: Learning to Lead* (New York: Random House, 2019), pp.173-175, p.197.

（43）Ashton Carter, *Inside the Five-Sided Box: Lessons from a Lifetime of Leadership in the Pentagon* (New York: Dutton, 2019), pp.274-275. ; ジム・スキアット（小金輝彦訳）『シャドウ・ウォー—中国・ロシアのハイブリッド戦争最前線』（原書房、二〇二〇年）二二二頁。

（44）Mattis & West, *Call Sign Chaos,* pp.173-175. ; Sascha Dov Bachmann, Andrew Dowse & Hakan Gunneriusson, “Competition Short of War: How Russia’s Hybrid and Grey-Zone Warfare are a Blueprint for China’s Global Power Ambitions”, *Australian Journal of Defence and Strategic Studies,* Vol.1, No.1, (November 2019), pp.43-45.

（45）Frank G. Hoffman, “Examining Complex Forms of Conflict: Gray Zone and Hybrid Challenges”,*PRISM,* Vol.7, No.4, 2018,p.37.; David L. Raugh, “Is the Hybrid Threat a True Threat?” *Journal of Strategic Security,* Vol.9, No.2, (Summer 2016), p.6.
（46）Vladimir I. Batyuk, “The US Concept and Practice of Hybrid Warfare”, *Strategic Analysis,* Vol.41, No.5, (2017), pp.464-477.
（47）加藤朗『現代紛争論―ポストモダンの紛争ＬＩＣ』（中公新書、一九九三年）。
（48）European Commission, “Joint Communication to the European Parliament and the Council: Joint Framework on Countering Hybrid Threats”, (April 6, 2016).
（49）Andrew Radin, *Hybrid Warfare in the Baltics: Threats and Potential Responses* (Santa Monica: Rand Corporation, 2017), p.5.
（50）Hybrid CoE Website: “Hybrid Threats as a Concept”.
（51）NATO Parliamentary Assembly Committee on the Civil Dimension of Security, “Countering Russia’s Hybrid Threats: An Update”, (October 1, 2018), 第6パラグラフ。
（52）渡部悦和・佐々木孝博『現代戦争論―超「超限戦」―これが21世紀の戦いだ』（ワニブックスＰＬＵＳ新書、二〇二〇年）三〇〇頁。
（53）詳細は、以下を参照。志田淳二郎「『ハイブリッド戦争』の理論と実践―ロシアのクリミア併合（二〇一四年）を手がかりに」『法学新報』第一二五巻、第九・一〇号（二〇一九年一月）八三－一〇六頁。
（54）Hanif Ghaffari, “The Necessity of ‘Effective Reaction’ against U.S. Hybrid War”, *Tehran Times,* (June 22, 2019).；『中央日報日本語版』（二〇一七年二月二一日）
（55）小泉悠「ウクライナ危機にみるロシアの介入戦略―ハイブリッド戦略とは何か」『国際問題』第六五八号（二〇一七年一・二月）四〇－四二頁。
（56）M. S. Erol & S. Oğuz, “Hybrid Warfare Studies and Russia’s Example in Crimea”, *Akademik Bakış,* Vol.9, No.17, 2015, p.267.; Andrew Monaghan, “The ‘War’ in Russia’s ‘Hybrid Warfare’”, *Parameters,* Vol.45, No.4, (Winter 2015), pp.70-71.；

Gjorgji Veljovski, Nenad Taneski & Metodija Dojchinovski, "The Danger of 'Hybrid Warfare' from a Sophisticated Adversary", *Defense & Security Analysis*, Vol.33, No.4, 2017, p.297.

（57）CSIS Website: Anthony H. Cordesman, "Russia and the "Color Revolution": A Russian Military View of a World Destabilized by the US and the West", (May 28, 2014).

（58）小泉悠「ロシアの秩序観―『主権』と『勢力圏』を手掛かりとして」『国際安全保障』第四五巻、第四号（二〇一八年三月）四二頁。

（59）小林主茂「ロシアの国家安全保障観―『もうひとつの自由主義』による世界の均衡を求めて」『シノドス（安全保障研究報告シリーズ）』（二〇二〇年一一月二八日）。

（60）小泉悠『プーチンの国家戦略―岐路に立つ「強国」ロシア』（東京堂出版、二〇一六年）八九―九〇頁。

（61）Nicolas Bouchet, "Russia's "Militarization" of Colour Revolutions", *Policy Perspectives*, Vol.4, No.2, (January 2016), pp.1-4.

（62）Ofer Fridman, *Russian 'Hybrid Warfare': Resurgence and Politicisation* (London: Hurst & Company, 2018).

（63）ハーバード大学の国際政治学者ジョセフ・ナイによれば、政府がソフト・パワーを行使する経路は直接、対象国のエリート層に訴える経路だけでなく、対象国の大衆にまず働きかけ、ソフト・パワーの影響を受けた大衆がエリート層に圧力をかけるといった間接的な経路も存在する。Joseph S. Nye, *The Future of Power* (New York: Public Affairs, 2011), p.95.

（64）Luncan Way, "The Real Causes of the Color Revolutions", *Journal of Democracy*, Vol.19, No.3, (July 2008), pp.55-69. ; Jakob Tolstrup, "When can External Actors Influence Democratization? Leverage, Linkages, and Gatekeeper Elites", *Democratization*, Vol.20, No.4, 2013, pp.716-742 .: Jakob Tolstrup, "Studying a Negative External Actor: Russia's Management of Stability and Instability in the 'Near Abroad'", *Democratization*, Vol.16, No.5, 2009, pp.922-944.

（65）ポール・ゴードン・ローレン／ゴードン・A・クレイグ／アレキサンダー・L・ジョージ（木村修三・滝田賢治・五味俊樹・高杉忠明・村田晃嗣訳）『軍事力と現代外交―現代における外交的課題〔原著第四版〕』（有斐閣、二〇〇九年）

二三四−二三五頁。

(66) 防衛省『防衛白書』(令和二年版)四一頁

(67) 防衛省『防衛白書』(平成二九年版)六三頁

(68) マイケル・B・ピーターセン「中国の海上グレーゾーン—権益擁護作戦の定義、危険性および複雑性」アンドリュー・S・エリクソン&ライアン・D・マーティンソン(五味睦佳監訳)『中国の海洋強国戦略—グレーゾーン作戦と展開』(原書房、二〇二〇年)三五頁。

(69) 『産経ニュース』(二〇二〇年五月一〇日)

(70) 渡部悦和・佐々木孝博『現代戦争論—超「超限戦」これが21世紀の戦いだ』三四四−三四八頁。

(71) 日本安全保障戦略研究所編『近未来戦を決する「マルチドメイン作戦」—日本は中国の軍事的挑発を打破できるか』(国書刊行会、二〇二〇年)一五−一六頁。

(72) "Confronting Islamic State: The Next War Against Global Jihadism", *The Economist*, (September 15, 2014).

(73) 二〇〇八年のロシア・ジョージア戦争をハイブリッド戦争と捉える研究は、あるにはある。例えば、以下を参照。Niklas Nelsson, *Russian Hybrid Tactics in Georgia* (Washington D.C.: Caucasus & Silk Road Studies Program, 2018).

(74) ハイブリッド戦争の研究を進めている筆者は、アフリカにおけるロシアのハイブリッド戦争という現象を関知していなかったため、廣瀬の著作の第五章の脚注の情報を参照しようとしたが、該当する参照資料は記載されていなかった。その後、インターネット上で調査したところ、イタリア国際政治研究所(ISPI)のホームページに、サミュエル・ロマーニが寄稿したコメンタリー「アフリカにおけるロシアの新しいハイブリッド戦争」を発見した。おそらく、廣瀬は、第五章の執筆にあたり、ロマーニのコメンタリーから着想をえたものと考えられる。

「アフリカにおいて、軍事力としての民間軍事会社、情報戦、政治干渉、外交攻勢をロシアは統合することによって、シリアやウクライナで用いたハイブリッド戦争モデルを、アフリカという戦域に拡張しているのではないかと考えられる」とロマーニは指摘しているが、無論、ハイブリッド戦争の定義については、ここでは触れられていなかった。
ISPI Website: Samuel Romani, “Russia’s New Hybrid Warfare in Africa”, (July 3, 2020).

第2章

（75）Vladimir Putin, “Speech and the Following Discussion at the Munich Conference on Security Policy”, (February 10, 2007).

（76）ドミートリー・トレーニン（河東哲夫・湯浅剛・小泉悠訳）『ロシア新戦略―ユーラシア大変動を読み解く』（作品社、二〇一二年）四二-四八頁。

（77）小泉悠『「帝国」ロシアの地政学―「勢力圏」で読むユーラシア戦略』（東京堂出版、二〇一九年）第四章。

（78）コンドリーザ・ライス（福井晶子・波多野理彩子・宮崎真紀・三谷武司訳）『ライス回顧録―ホワイトハウス激動の2920日』（集英社、二〇一三年）三二八頁。

（79）John J. Mearsheimer, “Why the Ukraine Crisis Is the West’s Fault: The Liberal Delusions That Provoked Putin”, *Foreign Affairs,* Vol.93, No.5, (September/October 2014), pp.77-89.

（80）Austin Charron, “Whose Is Crimea? Contested Sovereignty and Regional Identity”, *Regional Studies of Russia, Eastern Europe, and Central Asia,* Vol.5, No.2, 2016, pp.231-232.

（81）Veronika Bílková, “The Use of Force by the Russian Federation in Crimea”, *Zeitschrift für ausländisches öffentliches Recht und Völkerrecht,* Vol.75, 2015, pp.31-32.

（82）John J. Mearsheimer, “The Case for a Ukrainian Nuclear Deterrent”, *Foreign Affairs,* vol.72, No.3, (Summer 1993), p.52.

（83）“Memorandum on Security Assurances in Connection with Ukraine’s Accession to the Treaty on the Non-Proliferation of Nuclear Weapons”, (December 5, 1994).

（84）“Charter on a Distinctive Partnership between the North Atlantic Treaty Organization and Ukraine”, (July 9, 1997).

（85）“Treaty on Friendship, Cooperation, and Partnership between Ukraine and Russian Federation”, (May 31, 1997).

（86）詳細は、以下を参照。志田淳二郎「アメリカのウクライナ政策史―底流する『ロシア要因』」『海外事情』第六七巻、第1号（二〇一九年一月）一四四―一五八頁。

（87）"United States-Ukraine Charter on Strategic Partnership", (December 19, 2008).

（88）Steven Pifer, *The Eagle and the Trident: U.S.-Ukraine Relations in Turbulent Times* (Washington D.C.: Brookings Institution Press, 2017), p.288.

（89）小泉悠『「帝国」ロシアの地政学』一四六―一四七頁。

（90）ジム・スキアット（小金輝彦訳）『シャドウ・ウォー―中国・ロシアのハイブリッド戦争最前線』（原書房、二〇二〇年）九九頁。

（91）伊東寛『「第5の戦場」サイバー戦の脅威』（祥伝社新書、二〇一二年）六五頁。

（92）Center for Security Studies, ETH Zurich, Website: Marie Baezner & Patrice Robin, "Cyber and Information Warfare in the Ukrainian Conflict", (June 2017).

（93）Nicholas Barber, "A Warning from the Crimea: Hybrid Warfare and the Challenge for the ADF", *Australian Defence Force Journal*, No.201, 2017, p.48.

（94）以降の描写に際しては、次の資料を参照した。Michael Kofman & Matthew Rojansly, "A Closer Look at Russia's 'Hybrid War'", *Kennan Cable*, No.7, (April 2015), pp.1-8. ; Emmanuel Karagiannis, "The Russian Interventions in South Ossetia and Crimea Compared: Military Performance, Legitimacy and Goals", *Contemporary Security Policy*, Vol.35, No.3, 2014, pp.400-420. ; 小泉悠『プーチンの国家戦略―岐路に立つ「強国」ロシア』（東京堂出版、二〇一六年）一一一―一一九頁。

（95）Vladimir Putin, "Address by President of the Russian Federation", (March 18, 2014).

（96）小泉悠『「帝国」ロシアの地政学』一五〇―一五一頁。

（97）廣瀬陽子『未承認国家と覇権なき世界』（ＮＨＫ出版、二〇一四年）一九五頁。

（９８）小泉悠『プーチンの国家戦略』二二〇－二二八頁：小泉『「帝国」ロシアの地政学』一六一－一六四頁。
（９９）Kofman & Rojansky, “A Closer Look at Russia’s ‘Hybrid War’”, p.3.
（１００）フィオナ・ヒル&クリフォード・G・ガディ（畔蒜泰助監修／濱野大道・千葉敏生訳）『プーチンの世界――「皇帝」になった工作員』（新潮社、二〇一六年）四三四頁。
（１０１）オーストラリア陸軍のニコラス・バーバーによるFigure1の引用元は、次の通りである。バーバーは、オーストラリア国防軍課報学校の教官を務めている。Philip Karber, “Russia’s Hybrid War Campaign: Implications for Ukraine and Beyond”, The Russian Military Forum at CSIS, (March 10, 2015).
（１０２）Joshua P. Mulford, “Non-state Actors in the Russo-Ukraine War”, *Connections,* Vol.15, No.2, (Spring 2016), p.103.
（１０３）Ibid., pp.90-91.
（１０４）Alexander Lanoszka, “Russian Hybrid Warfare and Extended Deterrence in Eastern Europe”, *International Affairs,* Vol.92, No.1, 2016, pp.182-184.
（１０５）Jarno Limnéll, “The Exploitation of Cyber Domain as Part of Warfare: Russo-Ukrainian War”, *International Journal of Cyber-Security and Digital Forensics,* Vol.4, No.4, (December 2015), pp.527-528.
（１０６）「戦闘行為をともなわないサイバー戦」と「戦争行為の一部としてのサイバー戦」の区分については、以下を参照。伊東寛『「第５の戦場」サイバー戦の脅威』。
（１０７）Yuriy Danyk, Tamara Maliarchuk, & Chad Briggs, “Hybrid War: High-tech, Information and Cyber Conflicts”, *Connections,* Vol.16, No.2, (Spring 2017), pp.5-24.
（１０８）Mulford, “Non-state Actors in the Russo-Ukraine War”, pp.100-102
（１０９）小泉悠『軍事大国ロシア――新たな世界戦略と行動原理』（作品社、二〇一六年）三一〇頁。
（１１０）Mark Galeotti, “‘Hybrid War’ and ‘Little Green Men’: How It Works, and How It Doesn’t”, *E-International Relations,*

(April 16, 2015), pp.1-5.

（１１１）小泉悠『プーチンの国家戦略』九二–九三頁。

（１１２）Jacek Durkalec, "Nuclear-Backed 'Little Green Men': Nuclear Messaging in the Ukraine Crisis", *The Polish Institute of International Affairs Report,* (July 2015), pp.7-13.

第３章

（１１３）You Tube："People of Montenegro Laugh off Trump's Criticism", *CNN,* (July 19, 2018).

（１１４）You Tube："Tucker: Why Question US Obligations to Montenegro", *Fox News,* (July 19, 2018)

（１１５）You Tube："Trump Pushes Past Montenegro's PM", *BBC,* (May 26, 2017).

（１１６）Gordana Djurovic, "Montenegro's Strategic Priorities on the Path of Euro-Atlantic Integration", *Connections,* Vol.9, No.1, (Winter 2009), pp.93-112.

（１１７）NATO Website: "Relations with Montenegro (Archived)".

（１１８）Dimitar Bechev, "The 2016 Coup Attempt in Montenegro: Is Russia's Balkans Footprint Expanding?" *Russia Foreign Policy Papers,* (April 2018), pp.8-9.

（１１９）Ibid., pp.4-9.

（１２０）デービッド・ブレナン「米兵の首に懸賞金を懸けていたロシアの『29155部隊』とは」『ニューズウィーク日本版』（二〇二〇年六月三〇日）

（１２１）"Montenegrin Court Convicts All 14 Defendants of Plotting Pro-Russia Coup", *RadioFreeEurope/RadioLiberty,* (May 9, 2019).

（１２２）"Montenegro Hit by Cyber-attacks on Election Day", *Euractiv,* (October 17, 2016).

（１２３）件名はそれぞれ以下のようであった。"NATO_secretary_meeting.doc", "Draft schedule for British army goups' visit to Montenegro", "Schedule for a European military transfer program".

（124）“Russia’s Fancy Bear Hacks its Way into Montenegro”, *Balkan Insights*, (March 5, 2018).
（125）Bureau of European and Eurasian Affairs, Department of State, “Adriatic Charter: Fact Sheet”, (August 25, 2011).
（126）Mike Pence, “Remarks by the Vice President at the Adriatic Charter Summit”, August 2, 2017, at Hilton Podgorica Crna Gora, Montenegro.
（127）“First NATO Counter-Hybrid Warfare Team to Deploy to Montenegro”, *Stars and Stripes*, (November 8, 2019).
（128）“NATO will Send a Counter-Hybrid Team to Montenegro to Face Russia’s Threat”, *Security Affairs*, (January 20, 2020).
（129）“Montenegro Slams Serbia over ‘Uncivilized’ Embassy Attack”, *RadioFreeEurope/RadioLiberty*, (January 3, 2020).
（130）“Montenegro Police Detain 60 in Clashes over Priests’ Arrest”, *RadioFreeEurope/RadioLiberty*, (May 14, 2020).
（131）Samir Kajosevic, “Montenegro Coalition Leaders Agree on ‘Pro-European’ Course”, *Balkan Insight*, (September 9, 2020).
（132）Ivana Strandner & Milan Jovanović, “Montenegro Is the Latest Domino to Fall Toward Russia”, *Foreign Policy*, (September 17, 2020).
（133）“Montenegro. Serbia Expel Each Other’s Ambassadors”, *RadioFreeEurope/RadioLiberty*, (November 28, 2020).
（134）“Hutchison: NATO would Consider Setting up Counter-Hybrid Support Team in North Macedonia”, *MIA*, (April 15, 2020).
（135）“Russia’s Top Five Myths about NATO & COVID-19”, NATO Factsheet, (April 2020).
（136）“Pompeo Stops in Montenegro and North Macedonia to Discuss NATO, No Comment on Ukraine”, *Reuters*, (October 4, 2019).
（137）バティスト・コルナバス（神田順子監訳）『地政学世界地図―超約国際問題33の論点』（東京書籍、二〇二〇年）一三〇―一三八頁。
（138）Strasko Stojanovski & Dejan Marolov, “Republic of Macedonia, the 30th Member of NATO?” *International Journal of Sciences: Basic and Applied Research*, Vol.37, No.1, 2017, pp.281-294.
（139）コンドリーザ・ライス（福井晶子・波多野理彩子・宮崎真紀・三谷武司訳）『ライス回顧録―ホワイトハウス激動の

29２0日』（集英社、二〇一三年）六〇四頁。
（140）広瀬佳一「東方拡大」広瀬佳一・吉崎知典編『冷戦後のＮＡＴＯ—“ハイブリッド同盟”への挑戦』（ミネルヴァ書房、二〇一二年）四二—四八頁。
（141）Judy Dempsey, “Alexis Tsipras and Greece Miserable Foreign Policy”, *Carnegie Europe*, (January 29, 2015).
（142）「【元ロシア・スパイ】毒殺未遂事件の容疑者を公表　英政府」『BBC News Japan』（二〇一八年九月六日））
（143）“NATO Expels Seven Staff from Russian Mission over Skripal Poisoning”, *The Guardian*, (March 27, 2018).
（144）“Greece to Expel Russian Diplomats over Alleged Macedonia Interference”, *The Guardian*, (July 11, 2018).
（145）“Macedonia Sees Low Turnout in Name Change Referendum Amid Disinformation Campaign”, *CNN*, (September 30, 2018).
（146）“Macedonia Signs NATO Accession Agreement”, *BBC News*, (February 6, 2019).
（147）「北マケドニアが正式加盟　ＮＡＴＯに30カ国目」『JIJI.COM』（二〇二〇年三月二八日）。
（148）“Russia Actively Stoking Discord in Macedonia Since 2008, Intel Files Say”, *The Guardian*, (June 4, 2017).
（149）Yordan Tsalov, “Russian Interference in Macedonia: A View Before the Elections”, *Bellingcat*, (July 4, 2020).
（150）「ウクライナ、NATO加盟を視野に入れていることを公表」『ハフィントンポスト』（二〇一五年四月九日）。
（151）“Ukraine’s Hungarian Minority Threatened by New Education Law”, *AP News*, (November 14, 2018).
（152）András Bíró-Nagy, “Illiberal Democracy in Hungary: The Social Background and Practical Steps of Building an Illiberal State,” in Pol Morillas & Kiera Hepford (eds.) *Illiberal Democracies in the EU: The Visegrad Group and the Risk of Disintegration* (Barcelona, CIDOB, 2017), p.36.
（153）Aliaksei Kazharski, “Illiberal or Sovereign Democracies: A Game of Adjectives and How Not to Play It”, *Balkan Insight*, (April 3, 2019).
（154）ジェニファー・ウェルシュ（秋山勝訳）『歴史の逆襲—21世紀の覇権、経済格差、大量移民、地政学の構図』（朝日

新聞出版、二〇一七年）二一〇―二一一頁。

（155）ルート・ヴォダック（石部尚登・野呂香代子・神田靖子編訳）『右翼ポピュリズムのディスコース―恐怖をあおる政治はどのようにつくられるのか』（明石書店、二〇一九年）三五頁。

（156）Central European University Website: "Battle for and in Ukraine: Debating Global and Regional Security Architecture", (November 20, 2017).

（157）"Office of Society of Hungarian Culture of Transcarpathia in Uzhgorod Set Ablaze by Foreigners", *Interfax Ukraine*, (February 28, 2018).

（158）"Hungary Summons Ukrainian Ambassador Over Arson Attack", *RadioFreeEurope/RadioLiberty*, (February 27, 2018).

（159）Szabolcs Panyi, Anastasiia Moroz & Konrad Szczygieł, "Western Ukraine Burning: How Russia Set Fire to the EU's External Border", *VSquare*, (June 27, 2018).

（160）"Diplomats Thrown Out in Ukraine-Hungary Passport Row", *BBC News*, (October 4, 2018).

（161）"Hungary to Keep Blocking Ukraine-NATO Talks over Language Law", *UNIAN*, (April 26, 2019).

（162）詳細は以下を参照。志田淳二郎「権威主義国家の影響力―動揺するリベラルな国際秩序」拓殖大学海外事情研究所編『年鑑海外事情２０２０』（創成社、二〇二〇年）一八九頁。

（163）Panyi, Moroz & Szczygieł, "Western Ukraine Burning: How Russia Set Fire to the EU's External Border", *VSquare*, (June 27, 2018).

（164）The Kharkiv Human Rights Protection Group Website: "Poland Charges Three with Terrorism & Sees Russian Link in Arson Attack on Hungarian Centre in Ukraine", (January 10, 2019).

（165）"RFE/EL: Berlin Prosecutors Investigate German Journalist Named in Ukraine Arson Attack", *UNIAN*, (January 18, 2019).; "AfD Worker Accused of Ordering Arson Attack in Ukraine", *DW*, (January 15, 2019);"Three Polish Citizens

Accused of Attacking Hungarian Center in Ukraine", *Hungary Today*, (January 11, 2019).

（１６６）布井図苗「ウクライナの「見えない」戦争―スルコフ・リークスに見るクレムリンの影響作戦」（二〇一七年六月一〇日）一―七三頁。：Alya Shandra & Robert Seely, "The Surkov Leaks: The Inner Workings of Russia's Hybrid War in Ukraine", *RUSI Occasional Paper*, (July 2019) ,pp.1-81.

（１６７）Lóránt Győri, "How Hungary Became a Weapons of Russian Disinformation", *Euromaidan Press*, (November 16, 2018).

（１６８）詳細は、以下を参照。志田淳二郎「クリミア併合後の『ハイブリッド戦争』の展開―モンテネグロ、マケドニア、ハンガリーの諸事例を手がかりに」『国際安全保障』第四七巻、第四号（二〇二〇年三月）二一―三五頁。

第４章

（１６９）ジョン・J・ミアシャイマー（奥山真司訳）『大国政治の悲劇〔新装完全版〕』（五月書房新社、二〇一九年）四四四頁。

（１７０）グレアム・アリソン（藤原朝子訳）『米中戦争前夜―新旧大国を衝突させる歴史の法則と回避のシナリオ』（ダイヤモンド社、二〇一七年）五―七頁。

（１７１）Aaron L. Friedberg, "Testimony before the House Armed Services Committee Hearing on Strategic Competition with China", (February 15, 2018).

（１７２）Robert Spalding, *Stealth War: How China Took Over While America's Elite Slept* (Washington D.C.: Portfolio Penguin, 2019), p.220.

（１７３）Michael Beckley & Hal Brands, "Competition with China Could Be Short and Sharp: The Risk of War Is Greatest in the Next Decade", *Foreign Affairs*, (December 17, 2020).

（１７４）マイケル・ピルズベリー（野中香方子訳）『China 2049―秘密裏に遂行される「世界覇権１００年戦略」』（日経ＢＰ社、二〇一五年）。

（１７５）喬良・王湘穂（坂井臣之助監修）『超限戦―21世紀の「新しい戦争」』（角川新書、二〇二〇年）二七―二八頁、七七―八三頁、二八九―二九一頁。

（176）宿景祥「香港〝顔色革命〟与美国対華〝混合戦〟」『China & US Focus』（二〇一九年八月一九日）。
（177）宋忠平「中美両国非新冷戦而是混合戦」『連合早報』（二〇二〇年五月二九日）。
（178）于淼「世界進入大国戦略競争時代　全球戦略穏定軍事安全面臨挑戦」『光明日報』（二〇二〇年一月五日）。
（179）王湘穂「混合戦―前所未有的総合」『解放軍報』（二〇一九年五月二三日）。
（180）渡部悦和・佐々木孝博『現代戦争論―超「超限戦」―これが21世紀の戦いだ』（ワニブックスPLUS新書、二〇二〇年）一〇九―一一一頁。
（181）ジョン・ベイリス／ジェームズ・ウィルツ／コリン・グレイ（石津朋之監訳）『戦略論―現代世界の軍事と戦争』（勁草書房、二〇一二年）一一五頁。
（182）ピーター・ナヴァロ（赤根洋子訳）『米中もし戦わば―戦争の地政学』（文春文庫、二〇一九年）三三一頁。
（183）山本勝也「中国海警も中国共産党の軍隊である」『笹川平和財団・国際情勢ネットワーク分析ＩＩＮＡ』（二〇二〇年一一月一七日）。
（184）「中国の第三の艦隊『暗黒艦隊：海上民兵』」『ロイター通信』（二〇二〇年七月二〇日）。
（185）モーガン・クレメンス＆マイケル・ウェーバー「権益擁護対戦闘―平和と戦争のための海上民兵の組織化」アンドリュー・S・エリクソン＆ライアン・D・マーティンソン編（五味睦佳監訳）『中国の海洋強国戦略―グレーゾーン作戦と展開』（原書房、二〇二〇年）一五六頁。
（186）「【紅い統一工作（下）】クリミア併合を研究せよ　台湾支配へハイブリッド戦争」『産経ニュース』（二〇一七年一一月二〇日）。
（187）Jyun-yi Lee, “Hybrid Threats and Legal Resilience in Taiwan”, *Defense Security Brief*, Vol.8, No.1, (April 2019), pp.13-27.
（188）「中国軍、4海域で演習　台湾に圧力、市街戦動画も」『産経ニュース』（二〇二〇年九月二八日）。
（189）エストニア、ラトビア、リトアニア、ポーランド、チェコ、スロバキア、ハンガリー、スロベニア、クロアチア、ブルガリア、ギリシア、マルタ、ポルトガル、イタリアの一四か国。
（１９０）エストニア、ラトビア、リトアニア、ポーランド、チェコ、スロバキア、ハンガリー、スロベニア、ルーマニア、ブルガリア、アルバニア、クロアチア、モンテネグロ、北マケドニア、セルビア、ボスニア・ヘルツェゴビナの一六か国。
（１９１）Justyna Szczudlik, "China-Led Multilateralism: The Case of the 17+1 Format" in Nadège Rolland (ed.) *An Emerging China Centric Order: China's Vision for a New World Order in Practice* (Washington D.C.: The National Bureau of Asian Research, 2020), p.55.
（１９２）詳細は、以下を参照。志田淳二郎「ハイブリッド戦―忍びよる新たな戦争形態」川上高司・石澤靖治編『２０２０年生き残りの戦略―世界はこう動く！』（創成社、二〇二〇年）一四八―一五八頁。
（１９３）詳細は、以下を参照。志田淳二郎「権威主義国家の影響力―動揺するリベラルな国際秩序」拓殖大学海外事情研究所編『年鑑海外事情２０２０』（創成社、二〇二〇年）一八五―一九一頁。
（１９４）Vladimir Milić, "Serbia's Balancing Act on China", *CHOICE*, (October 5, 2020).
（１９５）「中国、欧州に初の無人機輸出」『JIJI.COM』（二〇二〇年七月七日）。
（１９６）「ファーウェイ、セルビアに新施設　首相がデジタル化加速に期待示す」『AFPBBNews』（二〇二〇年九月一八日）。
（１９７）Kadri Kaska, Henrik Beckvard & Tomas Minarik, *Huawei, 5G and China as a Security Threat* (Tallin: CCDCOE, 2019).
（１９８）Donald Trump, "National Security Strategy of the United States of America", (December 2017), p.19.
（１９９）詳細は、以下を参照。志田淳二郎「民主主義を揺るがすハイブリッド脅威」川上高司・星野俊也・石澤靖治編『米中衝突第2幕―２０２１年日本は生き残れるか？』（創成社、二〇二一年）二三六―二五二頁
（２００）Maya Guzdar & Tomas Jermalavicius, "Between the Chinese Dragon and American Eagle: 5G Development in the Baltic States", *RKK ICDS Brief*, (August 2020), pp.1-4.
（２０１）"London Declaration Issued by the Heads of State and Government Participating in the Meeting of the North Atlantic

Council", (December 3-4, 2019).
(２０２) Hybrid CoE Expert Pool Meeting on China, *Trends in China's Power Politics* (Helsinki: The European Centre of Excellence for Countering Hybrid Threats, 2020).
(２０３) You Tube: "China Inside NATO's Neighborhood: G-Zero World", (November 17, 2020).

終章

(２０４) Ashton Carter, *Inside the Five-Sided Box: Lessons from a Lifetime of Leadership in the Pentagon* (New York: Dutton, 2019), pp.274-275.
(２０５) "Founding Act on Mutual Relations, Cooperation and Security between NATO and the Russian Federation", (May 27, 1997).
(２０６) 小川健一「ＮＡＴＯの軍事機構・戦力の変容」広瀬佳一編『現代ヨーロッパの安全保障—ポスト２０１４：パワーバランスの構図を読む』（ミネルヴァ書房、二〇一九年）四五頁。
(２０７) David Takacs, "Ukraine's Deterrence Failure: Lessons for the Baltic States" *Journal on Baltic Security,* Vol.3, No.1, 2017, pp.1-10.
(２０８) Andrew Radin, *Hybrid Warfare in the Baltics: Threats and Potential Responses* (Santa Monica: Rand Corporation, 2017).
(２０９)「『ロシアがラトビアに宣伝工作』、ＮＡＴＯ軍の長期駐留は『抑止効果ある』リンケービッチ・ラトビア外相単独会見」『産経ニュース』（二〇一七年六月二九日）。
(２１０) Dan Lamothe, "In Finland, Mattis Backs Creation of a Hybrid Warfare Center Focused on Russia", *The Washington Post,* (November 6, 2017).
(２１１) Michael Rühle, "NATO's Response to Hybrid Threats", *National Institute for Public Policy Information Series,* No. 448, (November 4, 2019), p.5.

（２１２）ＮＡＴＯ機構に関する一般的記述については、ＮＡＴＯ、日本国外務省のウェブサイト、および以下の文献を参考にした。広瀬佳一「ＮＡＴＯ入門」広瀬佳一・吉崎知典編『冷戦後のＮＡＴＯ―〝ハイブリッド同盟〟への挑戦』（ミネルヴァ書房、二〇一二年）一―一五頁。；小川「ＮＡＴＯの軍事機構・戦力の変容」四四頁。

（２１３）You Tube: "Never Alone, Together as One ¦ NATO in 2020", (December 31, 2020).

（２１４）Veronika Bilkova, "The Use of Force by the Russian Federation in Crimea", *Zeitschrift für ausländisches öffentliches Recht und Völkerrecht,* Vol.75, No.1, 2015, pp.34-35.

（２１５）Ibid., p.33, p.36.

（２１６）村瀬信也「集団的自衛権の行使に憲法改正の必要なし」『月刊Wedge』（二〇一四年七月）。

（２１７）Philippe Bou Nader, "The Baltic States Should Adopt the Self-defence Pinpricks Doctrine: The 'Accumulation of Events' Threshold as a Deterrent to Russian Hybrid Warfare", *Journal on Baltics Security,* Vol.3, No.1, 2017, pp.11-24.

（２１８）この点については、ゲント大学（ベルギー）のトム・ルイスの研究に詳しい。Tom Ruys, "The 'Protection of Nationals' Doctrine Revisited", *Journal of Conflict & Security Law,* Vol.13, No.2, (Summer 2008), pp.233-271.

（２１９）Bilkova, "The Use of Force by the Russian Federation in Crimea", pp.39-42. ; Krzysztof Parulski, "Legal Aspect of Hybrid Warfare in Ukraine", *Zeszyty Naukowe AON,* nr 4 (105), 2016, pp.16-18.

（２２０）Bilkova, "The Use of Force by the Russian Federation in Crimea", pp.45-49. ; Parulski, "Legal Aspect of Hybrid Warfare in Ukraine", pp.18-19.

（２２１）「法律戦」（lawfare）については、以下を参照。Sascha Dov Bachmann & Andres B. Munoz Mosquera, "Lawfare and Hybrid Warfare: How Russia is using the Law as Weapon", *Amicus Curiae,* Issue 102, (Summer 2015), pp.25-28. ; René Värk, "Legal Element of Russia's Hybrid Warfare", *ENDC Occasional Papers,* Vol.6, 2017, pp.45-51.; Jan Almäng, "War, Vagueness and Hybrid War", *Defence Studies,* Vol.19, No.2, 2019, pp.189-204.

（２２２）詳細は、以下を参照。志田淳二郎「『ハイブリッド戦争』と動揺するリベラル国際秩序」『シノドス（安全保障研究報告シリーズ）』（二〇二〇年一二月）。

（２２３）"Warsaw Summit Communique Issued by the Heads of State and Government Participating in the Meeting of the North Atlantic Council in Warsaw", (July 8-9, 2016).

（２２４）"Brussels Summit Declaration Issued by the Heads of State and Government Participating in the Meeting of the North Atlantic Council in Brussels", (July 11-12, 2018).

（２２５）詳細は、以下を参照。志田淳二郎「拡大ＮＡＴＯの試練―集団防衛と協調的安全保障のジレンマ」『中央大学社会科学研究所年報』第二三号（二〇一九年九月）二六九―二八五頁。

（２２６）ヤクブ・グリギエル＆Ａ・ウェス・ミッチェル（奥山真司監訳／川村幸城訳）『不穏なフロンティアの大戦略―辺境をめぐる攻防と地政学的考察』（中央公論新社、二〇一九年）七九頁。

（２２７）Jonathan W. Greenert, Tetsuo Kotani, Tomohisa Takei, John P. Niemeyer & Kristine Schenck, *Navigating Contested Waters: U.S.-Japan Alliance Coordination in the East China Sea* (Washington D.C.: National Bureau of Asian Research, 2020).

（２２８）グリギエル＆ミッチェル『不穏なフロンティアの大戦略』六五―六九頁。

（２２９）現在「クアッド」と呼ばれている枠組みは、実は、すでに二〇〇〇年代から構想されたものであった。以下を参照。ニナ・サイローブ（志田淳二郎訳）「アメリカのアジアへの方向転換―２０００年代における起源と展開」佐橋亮編『冷戦後の東アジア秩序―秩序形成をめぐる各国の構想』（勁草書房、二〇二〇年）四九―八五頁。

（２３０）Ian Brzezinski, "NATO's Role in a Transatlantic Strategy on China", *Atlantic Council*, (June 1, 2020).

（２３１）Reflection Group Appointed by the NATO Secretary General, "NATO 2030: United for a New Era", (November 25, 2020), p.60.

（２３２）高坂正堯『国際政治―恐怖と希望』（中公新書、一九六六年）二〇四頁。

主要参考文献

英語

Aaronson, Michael, Sverre Diessen, Yves De Kermabon, Mary Beth Long, & Michael Miklaucic, "NATO Countering the Hybrid Threat", *PRISM,* Vol.2, No.4, 2011, pp.111-124.

Abrams, Steve, "Beyond Propaganda: Soviet Active Measures in Putin's Russia", *Connections,* Vol.15, No.1, (Winter 2016), pp.5-31.

Almäng, Jan, "War, Vagueness and Hybrid War", *Defence Studies,* Vol.19, No.2, 2019, pp.189-204.

Babbage, Ross, (ed.), *Stealing A March: Chinese Hybrid Warfare in the Indo-Pacific: Issues and Options for Allied Defense Planners, Volume II: Case Studies* (Washington D.C.: Center for Strategic and Budgetary Assessments, 2019).

Bachmann, Sascha Dov, & Hakan Gunneriusson, "Russia's Hybrid Warfare in the East: Using the Information Sphere as Integral to Hybrid Warfare", *Georgetown Journal of International Affairs,* No.16, (June 2015), pp.198-211.

Bachmann, Sascha Dov, & Andres B. Munoz Mosquera, "Lawfare and Hybrid Warfare: How Russia is Using the Law as a Weapon", *Amicus Curiae,* No.102, (Summer 2015), pp.25-28.

Bachmann, Sascha Dov, & Andres B. Munoz Mosquera, "Lawfare in Hybrid Wars: the 21st Century Warfare", *Journal of International Humanitarian Legal Studies,* No.7, 2016, pp.63-87.

Bachmann, Sascha Dov, Andrew Dowse & Hakan Gunneriusson, "Competition Short of War: How Russia's Hybrid and Grey-Zone Warfare are a Blueprint for China's Global Power Ambitions", *Australian Journal of Defence and Strategic Studies,* Vol.1, No.1, (November 2019), pp.41-56.

Banasik, Miroslaw, "A Changing Security Paradigm. New Roles for New Actors: The Russian Approach", *Connections,* Vol.15,

No.4, (Fall 2016), pp.31-43.

Barber, Nicholas, “A Warning from the Crimea: Hybrid Warfare and the Challenge for the ADF”, *Australian Defence Force Journal,* No.201, 2017, pp.46-58.

Batyuk, Vladimir I., “The US Concept and Practice of Hybrid Warfare”, *Strategic Analysis,* Vol.41, No.5, (2017), pp.464-477.

Beckley, Michael, & Hal Brands, “Competition with China Could Be Short and Sharp: The Risk of War Is Greatest in the Next Decade”, *Foreign Affairs,* (December 17, 2020).

Bechev, Dimitar, “The 2016 Coup Attempt in Montenegro: Is Russia’s Balkans Footprint Expanding?” *Russia Foreign Policy Papers,* (April 2018), pp.1-14.

Bílková, Veronika, “The Use of Force by the Russian Federation in Crimea”, *Zeitschrift für ausländisches öffentliches Recht und Völkerrecht,* Vol.75, 2015, pp.27-50.

Bíró-Nagy, András, “Illiberal Democracy in Hungary: The Social Background and Practical Steps of Building an Illiberal State,” in Pol Morillas & Kiera Hepford (eds.) *Illiberal Democracies in the EU: The Visegrad Group and the Risk of Disintegration* (Barcelona, CIDOB, 2017).

Bouchet, Nicolas, “Russia’s “Militarization” of Colour Revolutions”, *Policy Perspectives,* Vol.4, No.2, (January 2016).

Carter, Ashton, *Inside the Five-Sided Box: Lessons from a Lifetime of Leadership in the Pentagon* (New York: Dutton, 2019).

Charron, Austin, “Whose Is Crimea? Contested Sovereignty and Regional Identity”, *Regional Studies of Russia, Eastern Europe, and Central Asia,* Vol.5, No.2, 2016, pp.225-256.

Cilluffo, Frank J., & Joseph R. Clark, “Thinking about Strategic Hybrid Threats: In Theory and Practice”, *PRISM,* Vol.4, No.1, 2012, pp.46-63.

Clark, Mason, *Russian Hybrid Warfare* (Washington D.C.: Institute for the Study of War, 2020).

Danyk, Yuriy, Tamara Maliarchuk, & Chad Briggs, "Hybrid War: High-tech, Information and Cyber Conflicts", *Connections,* Vol.16, No.2, (Spring 2017), pp.5-24.

Djurovic, Gordana, "Montenegro's Strategic Priorities on the Path of Euro-Atlantic Integration", *Connections,* Vol.9, No.1, (Winter 2009), pp.93-112.

Durkalec, Jacek, "Nuclear-Backed 'Little Green Men': Nuclear Messaging in the Ukraine Crisis", *The Polish Institute of International Affairs Report,* (July 2015), pp.1-38.

Erol, M. S., & S. Oğuz, "Hybrid Warfare Studies and Russia's Example in Crimea", *Akademik Bakış,* Vol.9, No.17, 2015, pp.261-277.

European Commission, "Joint Communication to the European Parliament and the Council: Joint Framework on Countering Hybrid Threats", (April 6, 2016).

Filipec, Ondrej, "Hybrid Warfare: Between Realism, Liberalism and Constructivism", *Central European Journal of Politics,* Vol.5, No.2, 2019, pp.52-70.

Fridman, Ofer, *Russian 'Hybrid Warfare': Resurgence and Politicisation* (London: Hurst & Company, 2018)

Galeotti, Mark, "'Hybrid War' and 'Little Green Men': How It Works, and How It Doesn't", *E-International Relations,* (April 16, 2015), pp.1-5.

Giegerich, Nastian, "Hybrid Warfare and the Changing Character of Conflict", *Connections,* Vol.15, No.2, (Spring 2016), pp.65-72.

Greenert, Jonathan W., Tetsuo Kotani, Tomohisa Takei, John P. Niemeyer & Kristine Schenck, *Navigating Contested Waters: U.S.-Japan Alliance Coordination in the East China Sea* (Washington D.C.: National Bureau of Asian Research, 2020).

Guzdar, Maya, & Tomas Jermalavicius, "Between the Chinese Dragon and American Eagle: 5G Development in the Baltic States", *RKK ICDS Brief,* (August 2020), pp.1-4.

Herta, Laura Maria, "Russia's Hybrid Warfare: Why Narratives and Ideational Factors Play a Role in International Politics",

On-line Journal Modelling the New Europe, No.21, (January 2016), pp.52-76.

———, “Hybrid Warfare: A Form of Asymmetric Conflict”, *International Conference Knowledge-based Organization,* Vol.23, No.1, (January 2017), pp.135-143.

Hoffman, Frank G., *Conflict in the 21st Century: The Rise of the Hybrid Wars* (Virginia: Potomac Institute for Policy Studies, December 2007).

———, “Examining Complex Forms of Conflict: Gray Zone and Hybrid Challenges”, *PRISM,* Vol.7, No.4, 2018, pp.30-47.

Hybrid CoE Expert Pool Meeting on China, *Trends in China’s Power Politics* (Helsinki: The European Centre of Excellence for Countering Hybrid Threats, 2020).

Jonsson, Oscar, & Robert Seely, “Russian Full-Spectrum Conflict: An Appraisal After Ukraine”, *The Journal of Slavic Military Studies,* Vol.28, No.1, (March 2015), pp.1-22.

Kaldor, Mary, “In the Defense of New Wars”, *International Journal of Security and Development,* Vol.2, No.1, 2013, pp.1-16.

Karagiannis, Emmanuel, “The Russian Interventions in South Ossetia and Crimea Compared: Military Performance, Legitimacy and Goals”, *Contemporary Security Policy,* Vol.35, No.3, 2014, pp.400-420.

Kaska, Kadri, Henrik Beckvard & Tomas Minarik, *Huawei, 5G and China as a Security Threat* (Tallin: CCDCOE, 2019).

Kofman, Michael, & Matthew Rojansly, “A Closer Look at Russia’s ‘Hybrid War’”, *Kennan Cable,* No.7, (April 2015), pp.1-8.

Kuzio, Taras, & Paul D’aniri, “The Soviet Origins of Russian Hybrid Warfare”, *E-International Relations,* (January 17, 2018), pp.1-24.

Lanoszka, Alexander, “Russian Hybrid Warfare and Extended Deterrence in Eastern Europe”, *International Affairs,* Vol.92, No.1, 2016, pp.175-195.

Lee, Jyun-yi, “Hybrid Threats and Legal Resilience in Taiwan”, *Defense Security Brief,* Vol.8, No.1, (April 2019), pp.13-27.

Limnéll, Jarno, “The Exploitation of Cyber Domain as Part of Warfare: Russo-Ukrainian War”, *International Journal of Cyber-Security and Digital Forensics,* Vol.4, No.4, (December 2015), pp.521-532.

Mattis, James, & Frank Hoffman, "Future Warfare: The Rise of Hybrid Wars", *U.S. Naval Institute Proceedings,* (November 2005).

Mattis, James & Bing West, *Call Sign Chaos: Learning to Lead* (New York: Random House, 2019).

Mearsheimer, John J., "The Case for a Ukrainian Nuclear Deterrent", *Foreign Affairs,* vol.72, No.3, (Summer 1993), pp.50-66.

———, "Why the Ukraine Crisis Is the West's Fault: The Liberal Delusions That Provoked Putin", *Foreign Affairs,* Vol.93, No.5, (September/October 2014), pp.77-89.

Monaghan, Andrew, "The 'War' in Russia's 'Hybrid Warfare'", *Parameters,* Vol.45, No.4, (Winter 2015), pp.65-74.

Monaghan, Seam, "Countering Hybrid Warfare", *PRISM,* Vol.8, No.2, 2019, pp.82-99.

Mulford, Joshua P., "Non-state Actors in the Russo-Ukraine War", *Connections,* Vol.15, No.2, (Spring 2016), pp.89-107.

Murray, Williamson, & Peter R. Mansoor, *Hybrid Warfare: Fighting Complex Opponents from the Ancient World to the Present* (New York: Cambridge University Press, 2012).

Nader, Philippe Bou, "The Baltic States Should Adopt the Self-defence Pinpricks Doctrine: The 'Accumulation of Events' Threshold as a Deterrent to Russian Hybrid Warfare", *Journal on Baltics Security,* Vol.3, No.1, 2017, pp.11-24.

Najžer, Brin, *The Hybrid Age: International Security in the Era of Hybrid Warfare* (New York: I.B.Tauris, 2020),

Nelsson, Niklas, *Russian Hybrid Tactics in Georgia* (Washington D.C.: Caucasus & Silk Road Studies Program, 2018).

Nemeth, William J., *Future War and Chechnya: A Case for Hybrid Warfare* (Monterey: Naval Postgraduate School, 2002).

Nye, Joseph S., *The Future of Power* (New York: Public Affairs, 2011).

Orenstein, Mitchell A., *The Lands in Between: Russia vs. the West and the New Politics of Hybrid War* (Oxford: Oxford University Press, 2019).

Parulski, Krzysztof, "Legal Aspect of Hybrid Warfare in Ukraine", *Zeszyty Naukowe AON,* nr 4 (105), 2016, pp.5-27.

Pifer, Steven, *The Eagle and the Trident: U.S.-Ukraine Relations in Turbulent Times* (Washington D.C.: Brookings Institution Press, 2017).

Puyvelde, Damien Van, "Hybrid War: Does It Even Exist?" *NATO Review Magazine,* (July 5, 2015).

Radin, Andrew, *Hybrid Warfare in the Baltics: Threats and Potential Responses* (Santa Monica: Rand Corporation, 2017).

Raitasalo, Jyri, "America's Constant State of Hybrid War", *The National Interest,* (March 21, 2019).

Raugh, David L., "Is the Hybrid Threat a True Threat?" *Journal of Strategic Security,* Vol.9, No.2, (Summer 2016), pp.1-13.

Renz, Bettina, "Russia and 'Hybrid Warfare'", *Contemporary Politics,* Vol.22, No.3, 2016, pp.283-300.

Rühle, Michael, & Julijus Grubliauskas, "Energy as a Tool of Hybrid Warfare", *Research Paper,* No.113, (April 2015), pp.1-8.

Ruys, Tom, "The 'Protection of Nationals' Doctrine Revisited", *Journal of Conflict & Security Law,* Vol.13, No.2, (Summer 2008), pp.233-271.

Schmid, Johann, "Hybrid Warfare on the Ukrainian Battlefield: Developing Theory Based on Empirical Evidence", *Journal on Baltic Security,* Vol.5, No.1, 2019, pp.5-15.

Shandra, Alya, & Robert Seely, "The Surkov Leaks: The Inner Workings of Russia's Hybrid War in Ukraine", *RUSI Occasional Paper,* (July 2019) ,pp.1-81.

Shida, Junjiro, "Parallel Deal with North Korea? Lessons from Ukraine", *North Korean Review Online Blog,* (March 2019).

Spalding, Robert, *Stealth War: How China Took Over While America's Elite Slept* (Washington D.C.: Portfolio Penguin, 2019).

Stojanovski, Strasko, & Dejan Marolov, "Republic of Macedonia, the 30th Member of NATO?" *International Journal of Sciences: Basic and Applied Research,* Vol.37, No.1, 2017, pp.281-294.

Szczudlik, Justyna, "China-Led Multilateralism: The Case of the 17+1 Format" in Nadège Rolland (ed.) *An Emerging China Centric Order: China's Vision for a New World Order in Practice* (Washington D.C.: The National Bureau of Asian Research, 2020), pp.49-67.

Takacs, David, "Ukraine's Deterrence Failure: Lessons for the Baltic States" *Journal on Baltic Security,* Vol.3, No.1, 2017, pp.1-10.

Tolstrup, Jakob, "When can External Actors Influence Democratization? Leverage, Linkages, and Gatekeeper Elites", *Democratization,* Vol.20, No.4, 2013, pp.716-742.

——"Studying a Negative External Actor: Russia's Management of Stability and Instability in the 'Near Abroad'", *Democratization*, Vol.16, No.5, 2009, pp.922-944.

Värk, René, "Legal Element of Russia's Hybrid Warfare", *ENDC Occasional Papers*, Vol.6, 2017, pp.45-51.

Veljovski, Gjorgji, Nenad Taneski & Metodija Dojchinovski, "The Danger of 'Hybrid Warfare' from a Sophisticated Adversary", *Defense & Security Analysis*, Vol.33, No.4, 2017, pp.292-307.

Verner, Duane, Agnia Grigas, & Frederic Petit, *Assessing Energy Dependency on the Age of Hybrid Threats* (Helsinki: Hybrid CoE, 2019).

Way, Luncan, "The Real Causes of the Color Revolutions", *Journal of Democracy*, Vol.19, No.3, (July 2008), pp.55-69.

Wither, James K., "Making Sense of Hybrid Warfare", *Connections*, Vol.15, No.2, (Spring 2016), pp.73-87.

邦語

アリソン，グレアム（藤原朝子訳）『米中戦争前夜―新旧大国を衝突させる歴史の法則と回避のシナリオ』（ダイヤモンド社、二〇一七年）

伊東寛『「第５の戦場」サイバー戦の脅威』（祥伝社新書、二〇一二年）

ヴォダック，ルート（石部尚登・野呂香代子・神田靖子編訳）『右翼ポピュリズムのディスコース―恐怖をあおる政治はどのようにつくられるのか』（明石書店、二〇一九年）

小川健一「ＮＡＴＯの軍事機構・戦力の変容」広瀬佳一編『現代ヨーロッパの安全保障―ポスト２０１４：パワーバランスの構図を読む』（ミネルヴァ書房、二〇一九年）三八―五五頁

奥山真司「グレイ『現代の戦略』（一九九九年）」野中郁次郎編『戦略論の名著―孫子、マキアヴェリから現代まで』（中公新書、二〇一三年）

加藤朗『現代紛争論―ポストモダンの紛争ＬＩＣ』（中公新書、一九九三年）

川村康之「クラウセヴィッツ『戦争論』（一八三二年）」野中郁次郎編『戦略論の名著―孫子、マキアヴェリから現代まで』（中公

新書、二〇一三年）
喬良・王湘穂（坂井臣之助監修）『超限戦―21世紀の「新しい戦争」』（角川新書、二〇二〇年）
クラウセヴィッツ，カール・フォン（清水多吉訳）『戦争論（上）』（中公文庫、二〇〇一年）
グリギエル，ヤクブ＆A・ウェス・ミッチェル（奥山真司監訳／川村幸城訳）『不穏なフロンティアの大戦略―辺境をめぐる攻防と地政学的考察』（中央公論新社、二〇一九年）
グレイ，コリン（奥山真司訳）『戦略の未来』（勁草書房、二〇一八年）
クレメンス，モーガン＆マイケル・ウェーバー「権益擁護対戦闘―平和と戦争のための海上民兵の組織化」アンドリュー・S・エリクソン＆ライアン・D・マーティンソン編（五味睦佳監訳）『中国の海洋強国戦略―グレーゾーン作戦と展開』（原書房、二〇二〇年）一五六―一七六頁
小泉悠『軍事大国ロシア―新たな世界戦略と行動原理』（作品社、二〇一六年）
小泉悠『プーチンの国家戦略―岐路に立つ「強国」ロシア』（東京堂出版、二〇一六年）
小泉悠「ウクライナ危機にみるロシアの介入戦略―ハイブリッド戦略とは何か」『国際問題』第六五八号（二〇一七年一・二月）三八―四九頁
小泉悠「ロシアの秩序観―『主権』と『勢力圏』を手掛かりとして」『国際安全保障』第四五巻、第四号（二〇一八年三月）三一―四七頁
小泉悠『「帝国」ロシアの地政学―「勢力圏」で読むユーラシア戦略』（東京堂出版、二〇一九年）
高坂正堯『国際政治―恐怖と希望』（中公新書、一九六六年）
小林主茂「ロシアの国家安全保障観―『もうひとつの自由主義』による世界の均衡を求めて」『シノドス（安全保障研究報告シリーズ）』（二〇二〇年一一月二八日）
コルナバス，バティスト（神田順子監訳）『地政学世界地図―超約国際問題33の論点』（東京書籍、二〇二〇年）

サイローブ、ニナ（志田淳二郎訳）「アメリカのアジアへの方向転換―2000年代における起源と展開」佐橋亮編『冷戦後の東アジア秩序―秩序形成をめぐる各国の構想』（勁草書房、二〇二〇年）四九-八五頁
志田淳二郎「『ハイブリッド戦争』の理論と実践―ロシアのクリミア併合（二〇一四年）を手がかりに」『法学新報』第一二五巻、第九・一〇号（二〇一九年一月）八三-一〇六頁
志田淳二郎「アメリカのウクライナ政策史―底流する『ロシア要因』」『海外事情』第六七巻、第一号（二〇一九年一月）一四四-一五八頁
志田淳二郎「拡大NATOの試練―集団防衛と協調的安全保障のジレンマ」『中央大学社会科学研究所年報』第二三号（二〇一九年九月）二六九-二八五頁
志田淳二郎「ハイブリッド戦―忍びよる新たな戦争形態」川上高司・石澤靖治編『2020年生き残りの戦略―世界はこう動く！』（創成社、二〇二〇年）一四八-一五八頁
志田淳二郎「クリミア併合後の『ハイブリッド戦争』の展開―モンテネグロ、マケドニア、ハンガリーの諸事例を手がかりに」『国際安全保障』第四七巻、第四号（二〇二〇年三月）二一-三五頁
志田淳二郎「権威主義国家の影響力―動揺するリベラルな国際秩序」拓殖大学海外事情研究所編『年鑑海外事情2020』（創成社、二〇二〇年）一八五-一九一頁
志田淳二郎「『ハイブリッド戦争』と動揺するリベラル国際秩序」『シノドス（安全保障研究報告シリーズ）』（二〇二〇年一二月）
志田淳二郎「民主主義を揺るがすハイブリッド脅威」川上高司・星野俊也・石澤靖治編『米中衝突第2幕―2021年日本は生き残れるか？』（創成社、二〇二一年）二三六-二五二頁
篠田英朗『国際社会の秩序』（東京大学出版会、二〇〇七年）
スキアット、ジム（小金輝彦訳）『シャドウ・ウォー―中国・ロシアのハイブリッド戦争最前線』（原書房、二〇二〇年）
スローン、エリノア（奥山真司・平山茂敏訳）『現代の軍事戦略入門〔増補新版〕―陸海空からPKO、サイバー、核、宇宙まで』

（芙蓉書房出版、二〇一九年）
トレーニン、ドミートリー（河東哲夫・湯浅剛・小泉悠訳）『ロシア新戦略―ユーラシア大変動を読み解く』（作品社、二〇一二年）
ナヴァロ、ピーター（赤根洋子訳）『米中もし戦わば―戦争の地政学』（文春文庫、二〇一九年）
日本安全保障戦略研究所編『近未来戦を決する「マルチドメイン作戦」―日本は中国の軍事的挑発を打破できるか』（国書刊行会、二〇二〇年）
布井図苗「ウクライナの「見えない」戦争―スルコフ・リークスに見るクレムリンの影響作戦」（二〇一七年六月一〇日）一―七三頁
ハンチントン、サミュエル（鈴木主税訳）『文明の衝突』（集英社、一九九八年）
ハンチントン、サミュエル（山本暎子訳）『引き裂かれる世界』（ダイヤモンド社、二〇〇二年）
ピーターセン、マイケル・B「中国の海上グレーゾーン―権益擁護作戦の定義、危険性および複雑性」アンドリュー・S・エリクソン&ライアン・D・マーティンソン（五味睦佳監訳）『中国の海洋強国戦略―グレーゾーン作戦と展開』（原書房、二〇二〇年）
ヒル、フィオナ&クリフォード・G・ガディ（畔蒜泰助監修／濱野大道・千葉敏生訳）『プーチンの世界―「皇帝」になった工作員』（新潮社、二〇一六年）
ピルズベリー、マイケル（野中香方子訳）『China 2049―秘密裏に遂行される「世界覇権100年戦略」』（日経BP社、二〇一五年）
廣瀬陽子『コーカサス―国際関係の十字路』（集英社新書、二〇〇八年）
廣瀬陽子『未承認国家と覇権なき世界』（NHK出版、二〇一四年）
廣瀬陽子「ロシアのハイブリッド戦争に関する一考察」『国際情勢』第八五号（二〇一五年三月）九五―一〇〇頁
廣瀬陽子『ハイブリッド戦争―ロシアの新しい国家戦略』（講談社現代新書、二〇二一年）
広瀬佳一「NATO入門」広瀬佳一・吉崎知典編『冷戦後のNATO―〝ハイブリッド同盟〟への挑戦』（ミネルヴァ書房、二〇一二年）一―一五頁
広瀬佳一「東方拡大」広瀬佳一・吉崎知典編『冷戦後のNATO―〝ハイブリッド同盟〟への挑戦』（ミネルヴァ書房、二〇一二

年）三八―五三頁
ベイリス、ジョン／ジェームズ・ウィルツ／コリン・グレイ（石津朋之監訳）『戦略論―現代世界の軍事と戦争』（勁草書房、二〇一二年）
ミアシャイマー、ジョン・J（奥山真司訳）『大国政治の悲劇〔新装完全版〕』（五月書房新社、二〇一九年）
村瀬信也「集団的自衛権の行使に憲法改正の必要なし」『月刊Wedge』（二〇一四年七月）
山本勝也「中国海警も中国共産党の軍隊である」『笹川平和財団・国際情勢ネットワーク分析ＩＩＮＡ』（二〇二〇年一一月一七日）
ライス、コンドリーザ（福井晶子・波多野理彩子・宮崎真紀・三谷武司訳）『ライス回顧録―ホワイトハウス激動の２９２０日』（集英社、二〇一三年）
ローレン、ポール・ゴードン／ゴードン・A・クレイグ／アレキサンダー・L・ジョージ（木村修三・滝田賢治・五味俊樹・高杉忠明・村田晃嗣訳）『軍事力と現代外交―現代における外交的課題〔原著第四版〕』（有斐閣、二〇〇九年）
渡部悦和・佐々木孝博『現代戦争論―超「超限戦」これが21世紀の戦いだ』（ワニブックスPLUS新書、二〇二〇年）

志田淳二郎（しだ・じゅんじろう）
名桜大学（沖縄県）国際学群准教授。1991年茨城県日立市生まれ。中央ヨーロッパ大学（ハンガリー）政治学部修士課程修了、中央大学大学院法学研究科博士後期課程修了。博士（政治学）。中央大学法学部助教、笹川平和財団米国（ワシントンDC）客員準研究員などを経て現職。専門は、米国外交史、国際政治学、安全保障論。主著に、単著『米国の冷戦終結外交―ジョージ・H・W・ブッシュ政権とドイツ統一』（有信堂、2020年）などがある。

ハイブリッド戦争の時代
―狙われる民主主義―

2021年５月15日　１刷
2021年５月25日　２刷

著　者　志田淳二郎
発行者　奈須田若仁
発行所　並木書房
〒170-0002 東京都豊島区巣鴨2-4-2-501
電話(03)6903-4366　fax(03)6903-4368
www.namiki-shobo.co.jp
印刷製本　モリモト印刷

ISBN978-4-89063-409-5